* PAR DES SENTIERS ARDUS JUSQU'AUX ÉTOILES, NDT.

J'ÉTAIS ENCORE UN JEUNE HOMME LORSQUE LA RÉPUBLIQUE ROMAINE A IMPOSÉ SA PUISSANCE SUR UNE MÉDITERRANÉE EN PROIE AUX TROUBLES...
ET LA RÉPUBLIQUE, COMME MOI, DÉBORDAIT D'ÉNERGIE ! GONFLÉE DE L'ORGUEIL DES PLUS FORTS, ELLE AFFICHAIT UNE INSOLENTE ASSURANCE.
LES VAINQUEURS EN ROUTE VERS LA GLOIRE NE SE RETOURNENT PAS SUR LE CHEMIN QU'ILS FOULENT...
AUSSI LES ROMAINS, TOUT À LEUR LIESSE, NE SE DOUTAIENT PAS...
QUE LES HUMILIATIONS INFLIGÉES AUX VAINCUS AVAIENT DONNÉ NAISSANCE À UN MONSTRE ASSOIFFÉ DE REVANCHE...

UN MONSTRE NOMMÉ HANNIBAL BARCA...
LE FUTUR GÉNÉRAL DES TROUPES DE CARTHAGE, QUI ALLAIT DEVENIR LE PIRE CAUCHE-MAR DE L'ARMÉE ROMAINE !
Épisode 1 La naissance d'un monstre

MARS 241 AV. J.-C.
NORD-OUEST DE LA SICILE,
AU LARGE DES ÎLES ÉGADES.
DOOOOOM
ゴォォォォォ
SOLDATS, PARÉS À ATTAQUER !
À L'ABORDAGE !!!

L'ENNEMI FONCE DROIT SUR NOUS !! ACCÉLÉREZ !!!
IMPOSSIBLE ! LE NAVIRE EST TROP CHARGÉ !!
YAAAAAH!!!
DOOOOOM !!

CRAAAC
SPLATCH
NORD-OUEST DE LA SICILE, VILLE D'ERICE, PLACE FORTE DE L'ARMÉE CARTHAGINOISE.
NOTRE FLOTTE EST EN DÉROUTE ...

Ô BAAL, DIEU DE LA FOUDRE !
QUE TES ÉCLAIRS DÉCHIRENT LE CIEL !!
QUE TA COLÈRE PLONGE CES MAUDITS VAISSEAUX ROMAINS DANS LES ABYSSES DE LA MER !!
C'EST PEINE PERDUE, GRAND PRÊTRE ...
BAAL A CHOISI D'ABANDONNER CARTHAGE...
HAMILCAR BARCA, COMMANDANT DE L'ARMÉE CARTHAGINOISE EN SICILE.

ILS AURAIENT PU JOUER UN RÔLE MAJEUR DANS LA GUERRE QUE NOUS LIVRONS AUX ROMAINS POUR LA SUPRÉMATIE MILITAIRE EN MÉDITERRANÉE OCCIDENTALE !
ROME
ERICE
CARTHAGE (ACTUELLE TUNISIE)
SICILE
NOS ÉLITES SONT DÉCIDÉMENT STUPIDES !
MÊME SI LA MISSION DE CES BATEAUX CONSISTAIT SEULEMENT À NOUS RAVITAILLER...
NOS DIRIGEANTS SONT PRISONNIERS DE LEURS INTRIGUES, DÉNUÉS DE VISION ! POUR EUX, AUJOURD'HUI ENCORE...
CETTE GUERRE N'EST QU'UN INSTRUMENT POLITIQUE !
CEPENDANT, ENVOYÉS ICI SANS LA MOINDRE ESCORTE, IL ÉTAIT ÉVIDENT QU'ILS NE SERAIENT PAS EN MESURE DE TENIR TÊTE AUX NAVIRES ENNEMIS...
QUAND COMPRENDRONT-ILS DONC QUE CE N'EST PAS MOI, LE VÉRITABLE ADVERSAIRE, MAIS ROME ?
PAR DEUX FOIS DÉJÀ, LE SOUFFLE DU GRAND BAAL A SAUVÉ CARTHAGE DE LA DÉFAITE...
IL S'EST SANS DOUTE LASSÉ DE NOUS VENIR EN AIDE !

LA GUERRE EST TERMINÉE… CETTE LAMENTABLE BATAILLE EN MARQUE LE POINT FINAL !
TU NE COMPRENDS PAS, SILENOS…
SUR TERRE, VOTRE ARMÉE SICILIENNE EST LITTÉRALEMENT INVINCIBLE…
SI NOUS PARVENONS À FAIRE DÉBARQUER L'ENNEMI ET QUE LE CONFLIT S'ENLISE, TÔT OU TARD, LE VENT TOURNERA !
TU TE TROMPES HAMILCAR, LE COMBAT NE FAIT QUE COMMENCER !
SILENOS, PRÉCEPTEUR GREC.
NOTRE DÉFAITE EST TOTALE…
HANNIBAL… COMMENT PEUX-TU AFFIRMER UNE CHOSE PAREILLE ?!
C'EN EST FINI DE CARTHAGE !
HANNIBAL, AÎNÉ DE LA FAMILLE BARCA.

LEUR VICTOIRE NAVALE ISOLE DÉFINITIVEMENT NOTRE ARMÉE DU CONTINENT !
BIEN SÛR, NOUS POURRIONS TOUJOURS TENIR NOS POSITIONS EN NOUS RAVITAILLANT LOCALEMENT...
MAIS ROME N'A PAS GRAND INTÉRÊT À S'ACHARNER SUR LA SICILE !
ELLE VA FAIRE PREUVE DE BON SENS, COMME AUJOURD'HUI, CE QUI LA POUSSERA À ATTAQUER DIRECTEMENT L'AFRIQUE ET CARTHAGE...
MAINTENANT QUE NOTRE PATRIE EST PRIVÉE DE SON AVANTAGE MARITIME, ELLE NE POURRA PAS RÉSISTER TRÈS LONGTEMPS !
LES OFFICIERS RESTÉS LÀ-BAS VIENNENT DE PROUVER LEUR INCOMPÉTENCE... UNE FOIS LE CONFLIT ENGAGÉ, LES ANCIENS N'AURONT PAS D'AUTRE CHOIX QUE DE RAPPELER MON PÈRE !
ROME
ERICE
CARTHAGE
SICILE

CET ENFANT EST UN VISIONNAIRE !
DIRE QU'IL A À PEINE SIX ANS...
EN BREF, CARTHAGE A DÉJÀ PERDU LA PARTIE !
IL NOUS FAUDRA ALORS ABANDONNER LA SICILE, ET CE SERA LA FIN DE LA GUERRE...
EST-CE QUE ÇA TE CONTRARIE ?
TON ANALYSE EST JUSTE, HANNIBAL...
ET MOI, JE N'EN AI RIEN À FAIRE, DE LEURS AMBITIONS !
CET ÉPISODE MARQUE LA FIN D'UNE QUERELLE ENTRE DEUX PAYS AVEUGLÉS PAR L'AVIDITÉ...
PAS VRAIMENT...

HANNIBAL ...
PAUVRE ENFANT ...
COMMENT UN ESPRIT SI VIF ET SI SAVANT ...
PEUT-IL ÊTRE AUSSI HERMÉTIQUE AUX SENTIMENTS ?

HANNIBAL ÉTAIT LE PREMIER GARÇON DE LA FAMILLE BARCA, NÉ APRÈS PLUSIEURS FILLES...
AUSSI A-T-ON ACCUEILLI SON ARRIVÉE DANS LA JOIE ET LES RIRES...
MAIS LE NOUVEAU-NÉ NE POUSSAIT PAS LE MOINDRE CRI ET REFUSAIT DE PRENDRE LE SEIN...
LES JOURS PASSAIENT, ET IL CONTINUAIT DE RESTER IMMOBILE, LE REGARD VIDE...
COMME SI LES DIEUX AVAIENT OUBLIÉ DE LUI INSUFFLER UNE ÂME !
HAMILCAR EN ÉTAIT TERRIBLEMENT ACCABLÉ...
IL A ALORS DÉCIDÉ, CONFORMÉMENT AUX COUTUMES DE CARTHAGE, D'OFFRIR L'ENFANT EN SACRIFICE À BAAL !
POUR DEMANDER AUX DIEUX DE DONNER À LA FAMILLE BARCA UN HÉRITIER MÂLE FORT ET VAILLANT...

Ô BAAL, MAÎTRE DES CIEUX, NOUS T'OFFRONS CETTE VIE À PEINE ÉCLO-SE…
PUISSES-TU EN ÉCHANGE EXAUCER LE VŒU DE SA FAMILLE !
NON !
BRAOOOUM

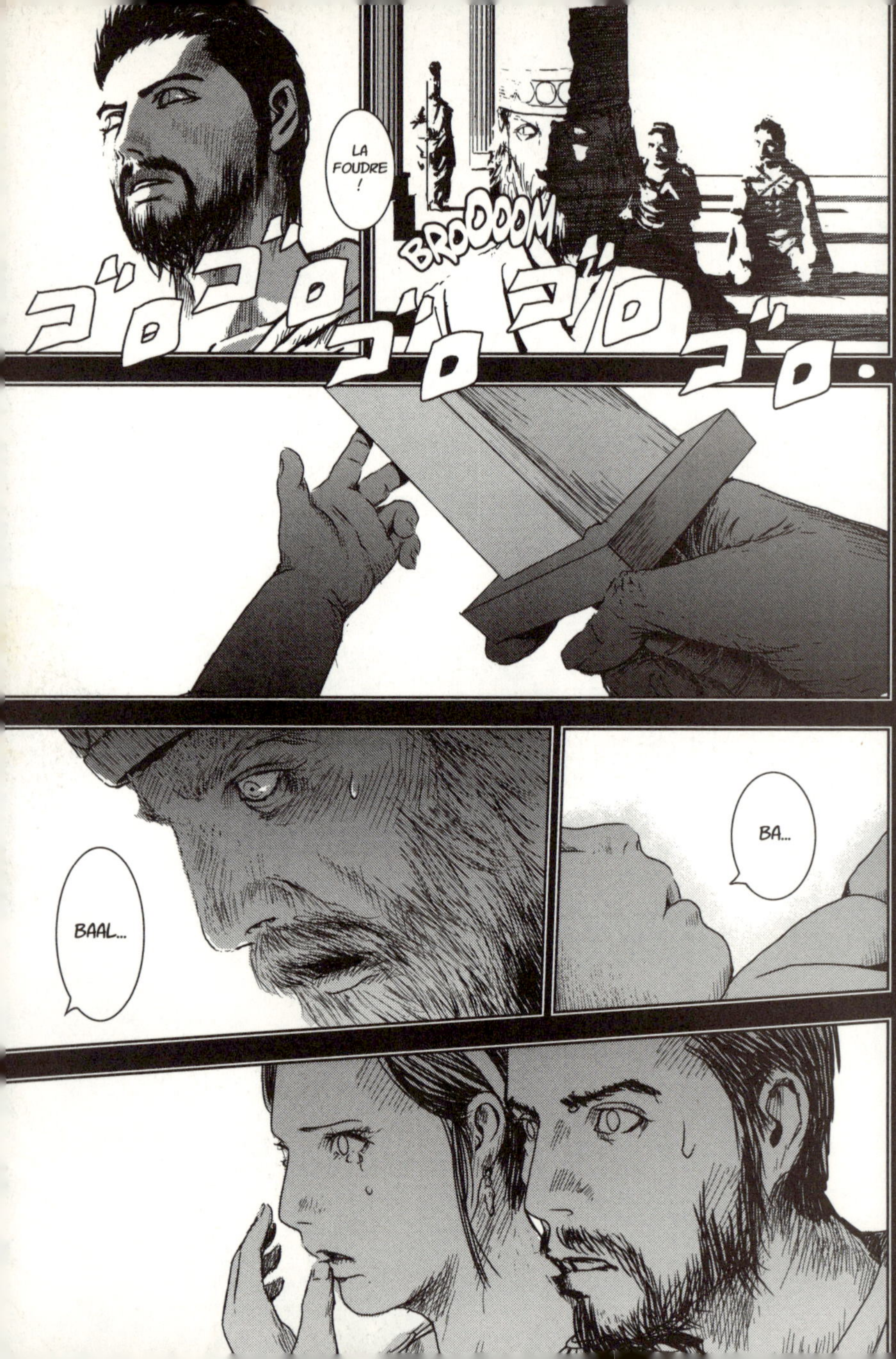
LA FOUDRE !
BROOOOM
ゴロゴロ
ゴロゴロ
ゴロ...
BA...
BAAL...

CET ENFANT EST DÉJÀ DOUÉ DE PAROLE !!
C... COMMENT EST-CE POSSIBLE ?!
Ô BAAL, MAÎTRE DES CIEUX, NOUS T'OFFRONS CETTE VIE À PEINE ÉCLOSE...
RENDS-LE-MOI !
PUISSES-TU EN ÉCHANGE EXAUCER LE VŒU DE SA FAMILLE !

C'EST UN MIRACLE ...
IL A ÉTÉ ÉLU PAR LES DIEUX...
PAR CET ORAGE...
BAAL A DONNÉ UNE ÂME À NOTRE FILS !
BAAL L'A CHOISI PARMI LES HOMMES !
HANNIBAL SERA SON NOM !!

DURANT LES SIX PREMIÈRES ANNÉES DE SA VIE, ALORS QUE SON PÈRE ÉTAIT PARTI AU COMBAT, NOUS, SES TUTEURS GRECS, L'AVONS NOURRI SANS RELÂCHE DES CONNAISSANCES DONT NOUS DISPOSIONS...
HANNIBAL LES A MÂCHÉES, PUIS DIGÉRÉES...
L'ENFANT S'EST RAPIDEMENT MONTRÉ À LA HAUTEUR DU NOM DONT IL AVAIT HÉRITÉ. IL ÉTAIT DOUÉ D'UNE INTELLIGENCE ET D'UN DON POUR L'ÉTUDE HORS DU COMMUN...
TENTER D'APAISER SON APPÉTIT DE SAVOIR...
ÉTAIT AUSSI VAIN QUE DE VOULOIR REMPLIR UNE AMPHORE SANS FOND !
ALORS, NOUS NOUS SOMMES RENDU COMPTE...

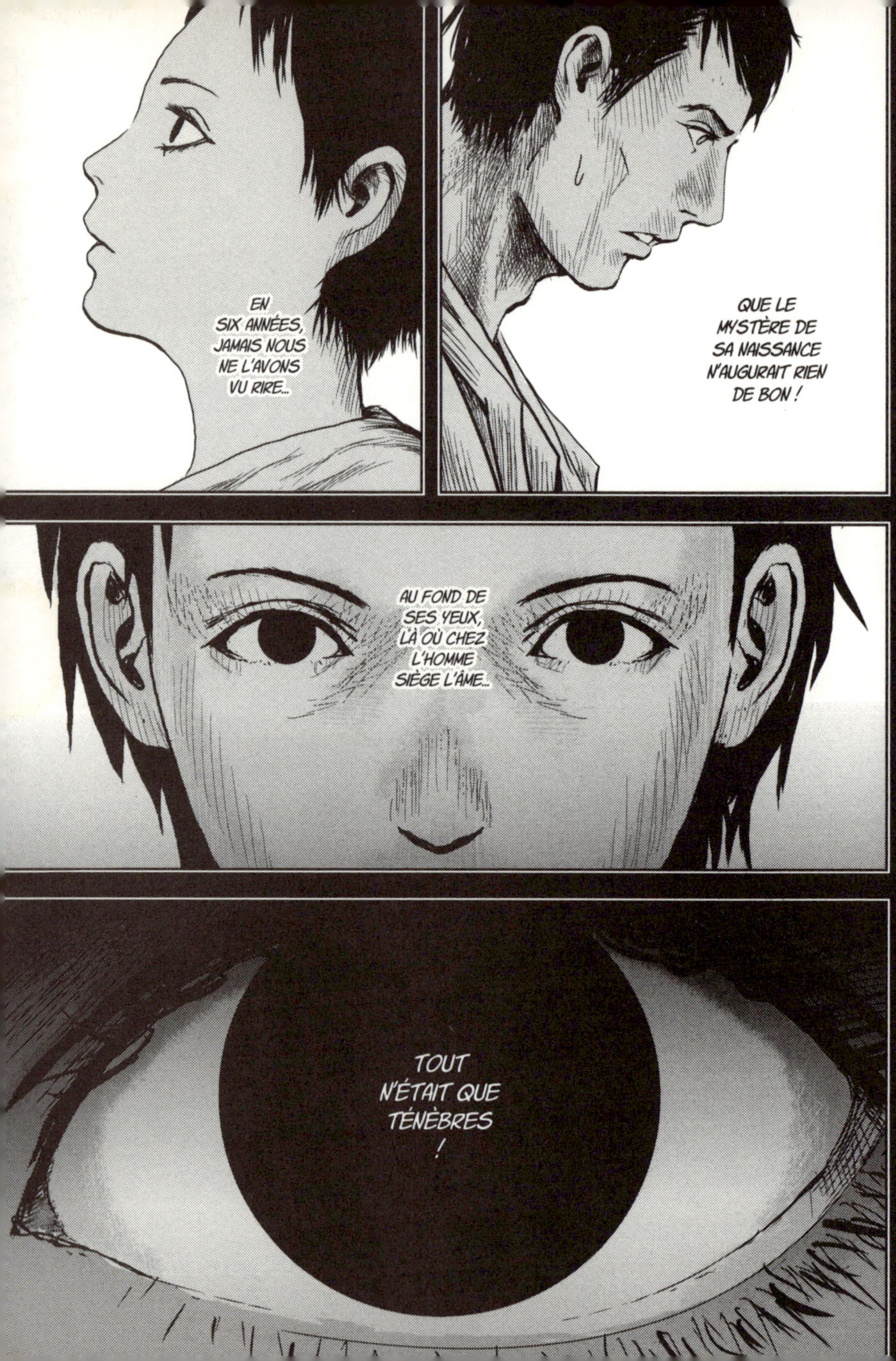
QUE LE MYSTÈRE DE SA NAISSANCE N'AUGURAIT RIEN DE BON !
EN SIX ANNÉES, JAMAIS NOUS NE L'AVONS VU RIRE...
AU FOND DE SES YEUX, LÀ OÙ CHEZ L'HOMME SIÈGE L'ÂME...
TOUT N'ÉTAIT QUE TÉNÈBRES !

LE JOUR DE LA CHUTE DE CARTHAGE EST PROCHE ...
BIENTÔT, C'EST ROME QUI AURA LA MAINMISE SUR LA MÉDITER-RANÉE !
MON FILS ...
EST DÉ-SORMAIS MON SEUL ESPOIR !
SILE-NOS... LE CROIS-TU CAPABLE DE DEVENIR LE HÉROS QUI SAUVERA CARTHAGE ?
OUI...
JE N'EN DOUTE PAS UNE SECONDE !

IL N'EST GUÈRE PLUS QU'UN LIVRE QUI AURAIT PRIS CORPS ...
MÊME SI CET ENFANT A REÇU DE BAAL L'INTELLIGENCE ET LE SAVOIR, IL LUI MANQUE L'ESSENTIEL ...
TES MOTS ME TOUCHENT ...
HÉLAS, JE SAIS QUE TU MENS !
MAIS IL NE LES A JAMAIS RESSENTIS !
IL CONNAÎT L'EXISTENCE DES BONHEURS ET DES PEINES...
C'EST LÀ LA TRISTE RÉALITÉ !
IL FAUT SE RENDRE À L'ÉVIDENCE ...
HANNIBAL N'A PAS LA FAVEUR DES DIEUX ...

LE TRAITÉ DE PAIX IMPOSAIT À CARTHAGE UN PACTE DE NON-AGRESSION, LA CESSION DE SES TERRITOIRES SICILIENS...
AINSI QUE LE PAIEMENT D'UN TRIBUT COLOSSAL !
CORSE
ROME
SARDAIGNE
MER MÉDITERRANÉE
SICILE
CARTHAGE
PEU DE TEMPS APRÈS, HAMILCAR A ÉTÉ CONTRAINT DE DÉPOSER LES ARMES, ET LA GUERRE S'EST ACHEVÉE SUR UNE VICTOIRE ROMAINE...
POUR LES VAINCUS, LES CONSÉQUENCES DE LA REDDITION N'ONT PAS TARDÉ À SE FAIRE SENTIR ...
FINANCIÈREMENT ÉTOUFFÉS PAR LEURS DETTES ENVERS ROME, LES CARTHAGINOIS NE DISPOSAIENT PLUS DES DENIERS NÉCESSAIRES POUR RÉGLER LA SOLDE DE LEURS MERCENAIRES...
DONT LA COLÈRE A FINI PAR DÉCLENCHER UNE SUCCESSION DE RÉVOLTES CONTRE LA CITÉ !

TROIS ANS PLUS TARD, CES MUTINERIES AVAIENT EMBRASÉ LES POSSESSIONS CARTHAGINOISES DE CORSE ET DE SARDAIGNE...
ROME A ALORS CHOISI DE PROFITER DE LA CONFUSION POUR TENTER DE S'EMPARER DES DEUX ÎLES !
DISPOSER DE CES TERRES ÉTAIT POUR LA RÉPUBLIQUE UN ENJEU STRATÉGIQUE : ELLE PENSAIT AINSI POUVOIR CRÉER UNE LIGNE DE DÉFENSE QUASI INFRANCHISSABLE AU NIVEAU DE LA MÉDITERRANÉE OCCIDENTALE...
ゴロゴロ ゴロゴロ...
BRAOOUM
IVRE DE SES RÉCENTS SUCCÈS MILITAIRES, ELLE ÉTAIT LOIN D'IMAGINER LES RÉPERCUSSIONS QU'ALLAIT PROVOQUER CETTE SOIF DE TERRITOIRES...

SARDAIGNE, TEMPLE DE BAAL.
BROOOOOOM
LA RÉVOLTE DES MERCENAIRES A DÉJÀ ANÉANTI VOTRE INFLUENCE SUR CES DEUX ÎLES...
NOUS AUTRES ROMAINS N'AVONS FAIT QUE RECEVOIR LE POUVOIR DES MAINS DE LEURS NOUVEAUX SOUVERAINS...
LOIN DE NOUS L'IDÉE DE CONTREVENIR À NOTRE TRAITÉ !
CARTHAGE A RESPECTÉ SES ENGAGEMENTS À LA LETTRE !
VOYONS...
TU PENSES VRAIMENT QUE NOUS IGNORONS QUE VOUS TRAVAILLEZ EN SECRET À L'ARMEMENT D'UNE NOUVELLE FLOTTE ?

*1 200 TALENTS : ENVIRON 130 TONNES D'ARGENT.

SI C'ÉTAIT POUR S'ENGAGER SUR LA VOIE DE LA HONTE, PEUT-ÊTRE AURAIT-IL MIEUX VALU QUE NOS ARMÉES MARCHENT SUR CARTHAGE... AU MOINS, LE COMBAT AURAIT ÉTÉ LOYAL !
CARTHAGE N'A PLUS LA FORCE DE TENIR TÊTE À ROME ! CES HOMMES N'ONT PAS D'AUTRE CHOIX QUE D'AC-CEPTER NOS CONDITIONS...
PRÉTENDRE PASSER PAR LA DIPLOMATIE POUR MENACER LES VAINCUS EST INDIGNE DE LA GRANDE ROME !
ENTENDU... NOUS PAIE-RONS !
CE-PENDANT, L'ARGENT NE RÈGLE PAS TOUT ...
TOI ET TES HOMMES ALLEZ VOUS PROSTER-NER ET IMPLORER NOTRE PARDON POUR AVOIR TRAHI LES DIEUX ET LE TRAITÉ QUI VOUS LIE À ROME...

TOUT ÇA VA TROP LOIN !
EH BIEN, QU'EST-CE QUE TU ATTENDS ?
DÉPÊCHE-TOI !

CLANG
NE FAISONS PAS DE VAGUES, HAMILCAR ...
CLANG
?!
CRRR
HANNON, ARRÊTE !
À LA BONNE HEURE ...
VOUS ÊTES DES LÂCHES...
TOUT EST DE VOTRE FAUTE !
ALORS, CES EX-CUSES ?
PLUTÔT MOURIR !

HAMIL-
CAR !
CLAC
JE N'EN DEMANDE PAS TANT ...
MAIS PUISQUE VOUS CONSPIREZ EN VUE DE GUERROYER CONTRE ROME...
VOUS COMPRENDREZ QU'EN GAGE DE PAIX, JE PRENNE LA PRÉCAUTION D'Y EMMENER VOS ÉPOUSES !

COMBIEN DE TES HOMMES ONT-ILS PÉRI DURANT CETTE GUERRE ?
?!
MÊME SI NOUS SOMMES LÉGALEMENT SOUS VOTRE JURIDICTION, UNE TELLE ACTION VA À L'ENCONTRE DES DIRECTIVES DU SÉNAT !
CAUDINUS... QUAND AVEZ-VOUS DONNÉ CES ORDRES ?!
ALORS DIS-MOI, SCIPION... QUEL MAL Y A-T-IL À VOULOIR DONNER UN SENS AU SACRIFICE DE NOS CONCITOYENS ?
LE PEUPLE DE ROME RÉCLAME UNE COMPENSATION À LA HAUTEUR DE SES PERTES...
ET JE SUIS SON PORTE-PAROLE, ICI !
NOS FEMMES ...
QU'ALLEZ-VOUS FAIRE D'ELLES, UNE FOIS À ROME ?
JE TE LAISSE IMAGINER LA RÉPONSE ...

QU'EST-CE QUE ÇA VEUT DIRE ?
ゴロロ...
BRAOUM
ELLES VONT DEVE-NIR LEURS ESCLAVES ...
ゴロロロ...
BROOOOM
OU PEUT-ÊTRE PIRE, QUI SAIT !
AH !
TRÈS BIEN...
ギィ
VSH

GH...
COURAGE, HAMILCAR... IL FAUT SAVOIR COURBER L'ÉCHINE...
CARTHAGE EST VAINCUE, ELLE N'A PLUS LES MOYENS DE RÉSISTER !
POUR L'HEURE, NOTRE SEULE OPTION EST DE PRÊTER LE FLANC AUX VAGUES QUI NOUS FRAPPENT, EN NOUS EFFORÇANT DE NE PAS NOUS LAISSER SUBMERGER !
ザワ ザワ...
BLA BLA
ザワ...
BLA
ザワ...
BLA
QUELLE HUMILIATION...
NOTRE PATRIE VIENT DE MOURIR SOUS NOS YEUX...
カッ
CRAC

BRAOUM
BROOM
BRAOUM
HIII !
BROOM
AAAAH !!
BROOOM

CE N'EST RIEN... JUSTE LA FOUDRE QUI S'EST ABATTUE SUR LE SANCTUAIRE !
GRANDS DIEUX...
QUELLE FRAYEUR ...
BAAL, LE DIEU DE LA FOUDRE...
CONDAMNE MA DÉCISION !
HA HA HA !
?!

HA HA HA
HA HA !
IL RIT
?!
HA HA HA
HA HA HA HA !
HANNIBAL
...
RIT AUX
ÉCLATS
!!

HA HA
IMPOSSIBLE... CET ENFANT N'A JAMAIS RI DE SA VIE !
HA !
QU'EST-CE QUI A BIEN PU SE PASSER ?
HA HA HA HA HA
HA !
HANNIBAL !
BAAL ...
HA HA HA HA HA !
HA HA HA !
ARRÊTE, REVIENS ICI !

QUI EST CE GAMIN ?
HÉ HÉ ...
HANNIBAL...
IL EST COMPLÈTEMENT DÉRANGÉ !
CE N'EST PAS UN TERRAIN DE JEUX, ICI, PETIT...
FICHEZ-MOI ÇA DEHORS !
À VOS ORDRES !
ROME EST PUISSANTE...

C'EST BIEN, D'ÊTRE FORT…
ÇA PERMET D'ARRACHER TOUT CE QU'ON VEUT DES MAINS DES FAIBLES !
L'ARGENT, LES TERRES, LES FEMMES …
MÊME LA FIERTÉ !

MAIS IL Y A UNE CHOSE QUE VOUS NE POURREZ JAMAIS LEUR ENLEVER...
VOUS SAVEZ CE QUE C'EST ?
L'ULTIME ARME À LAQUELLE ILS PEUVENT AVOIR RECOURS...
LA FOLIE ! OUI, LA FOLIE DE CEUX QUI ONT TOUT PERDU !
HÉ HÉ HÉ HÉ ...

JE VEUX BIEN COMPRENDRE QUE TU N'AIES PAS TOUTE TA TÊTE...
CELA DIT, JE NE TOLÉRERAI PAS PLUS D'INSOLENCE !
SI TU TIENS À LA VIE, REJOINS TES PAIRS ET INCLINE-TOI AVEC EUX !
TAP
COMMENT OSES-TU ?!

POUR TOUCHER DU DOIGT LES DIEUX...
IL NE SUFFIT PAS DE MONTER SUR UNE TABLE...
MAIS MÊME UN ENFANT PEUT REGARDER ROME DE HAUT...
S'IL A LE COURAGE DE FAIRE LE PRE-MIER PAS !

VOUS AVEZ BEAU VOUS PAVANER COMME SI VOUS ÉTIEZ DES DIEUX...
AU FINAL, VOUS N'ÊTES QUE DES PLEUTRES, QU'UN ENFANT LIBRE EFFRAIE !
BAAL NE PARDONNERA PAS QUE DES COUARDS TELS QUE VOUS...
HUMILIENT CARTHAGE !
C'EST POUR VOUS INFLIGER SA PUNITION, ROMAINS BOUFFIS D'ORGUEIL, QU'IL M'A DÉPÊCHÉ ICI...
MOI, SON PROPRE FILS !

LE FILS DE BAAL...
BLA
L'ENFANT ÉLU DES DIEUX...
BLA
C'EST VRAI...
HANNIBAL !

LORSQU'UNE PUISSANCE S'EFFONDRE...
SES DIEUX SOMBRENT AVEC ELLE !
COMME C'EST PATHÉTIQUE ...
CETTE DÉITÉ, JADIS ASSEZ REDOUTABLE POUR DÉCLENCHER UNE TEMPÊTE CAPABLE D'ENVOYER PAR LE FOND PLUS DE 100 000 MARINS ROMAINS...
EN EST AUJOURD'HUI RÉDUITE À MANIPULER UN JEUNE GARÇON CHÉTIF ET BLAFARD !
CESSE CETTE PETITE COMÉDIE, MON GARÇON... MA PATIENCE A DES LIMITES !
JE NE VOUDRAIS PAS AVOIR À TE METTRE À MORT COMME UN CHIEN DEVANT TES COMPATRIOTES...

ROME NE PEUT PAS ME TUER !
SI JE VENAIS À MOURIR ...
C'EST BAAL...
ET TOUT CARTHAGE QUI MOUR-RAIENT AVEC MOI !
JE SUIS NA-VRÉ D'EN ARRIVER LÀ...
EN TANT QU'ADULTE, J'AURAIS AIMÉ FERMER LES YEUX...
CEPENDANT, TU ES ALLÉ TROP LOIN...

TUEZ-LE !!
DOOOOM
ATTEN-DEZ !

NE SOUS-ESTIMEZ PAS LES CARTHAGINOIS, ROMAINS !
NOUS N'ABANDONNONS PAS CEUX QUI ONT LE COURAGE DE FAIRE FACE À L'ENNEMI !
VSH
AS-TU CONSCIENCE DE CE QU'IL T'EN COÛTERA SI VOUS DÉGAINEZ VOS ÉPÉES ?
HAMILCAR ! TU ES PRÊT À CONDAMNER NOTRE PATRIE JUSTE POUR SAUVER TON IMBÉCILE DE FILS ?!
CLANG
CLANG
CLANG

QU'EST-CE QUI LEUR PREND ?
ILS ONT TOUS PERDU LA RAISON ?!
OUI, LA FOLIE...

DOOOM
DE CEUX QUI ONT TOUT PERDU !
IL AVAIT PRÉVU CE QUI ARRIVERAIT ...

TUEZ CET ENFANT, ET C'EST 100 000 ROMAINS QUI MOURRONT EN REPRÉSAILLES !
CARTHAGE PEUT S'EFFONDRER DEMAIN, MAIS JAMAIS LA COLÈRE DE SES HOMMES NE S'ÉTEINDRA !
CES GENS SONT FOUS ...
...
HANNIBAL EST UN DON DE BAAL...
UNE LUEUR D'ESPOIR OFFERTE PAR LES DIEUX À NOTRE CARTHAGE AGONISANTE !
NOUS NE POUVONS PAS LE LAISSER MOURIR...
QUI SAIT... UN JOUR, PEUT-ÊTRE QU'IL MARCHERA SUR ROME À LA TÊTE DE NOS SOLDATS !

CONSUL …
SI VOUS VOUS OBSTINEZ DANS CETTE DIRECTION, DEMAIN, UNE NOUVELLE GUERRE ÉCLATERA…
ET JE DOUTE QUE NOUS SOYONS ENCORE VIVANTS POUR EN ÊTRE TÉMOINS…
NOTRE SORT EST ENTRE VOS MAINS !
T… TRÈS BIEN, JE N'EXIGERAI RIEN DE PLUS ! QUE CHACUN REMETTE SON ARME AU FOURREAU !
BLA
ザワ
BLA
ザワ …
BLA
ザワ …
BLA
ザワザワ …

SE POURRAIT-IL QUE CET ENFANT AIT À DESSEIN RISQUÉ SA VIE...
POUR RÉVEILLER L'ÂME GUERRIÈRE DE SES AÎNÉS TOMBÉS EN LÉTHARGIE ?
C'EST IMPOSSIBLE...
UN ÊTRE D'UNE DIZAINE D'ANNÉES À PEINE EST INCAPABLE D'UN TEL CALCUL !
KIII

QU... QUI EST CET ENFANT ?!
LA TYRANNIE DE ROME AVAIT RÉVEILLÉ LE MONSTRE...
ET IL ALLAIT DEVENIR LE PIRE CAUCHEMAR DE L'ARMÉE ROMAINE !
CE JOUR-LÀ, HANNIBAL BARCA ÉTAIT NÉ...

HANNIBAL BARCA, L'OGRE DE CARTHAGE...
JE NE PENSAIS PAS CROISER UN JOUR UN ÊTRE QUI PUISSE L'AFFRONTER SUR UN PIED D'ÉGALITÉ...
MAIS UN AN APRÈS CETTE ALTERCATION...
BOUH !
HI HI !
LES CIEUX ONT DÉCIDÉ DE DOTER ROME D'UN GÉNIE CAPABLE DE RIVALISER AVEC LE MONSTRE !

219 AV. J.-C., HISPANIE.
L'ARMÉE CARTHAGINOISE, MENÉE PAR SON JEUNE GÉNÉRAL, A ENVAHI L'HISPANIE POUR MARCHER SUR SAGONTE.
PRESQUE 20 ANS APRÈS CE PREMIER AFFRONTEMENT...
VIVE HANNIBAL !
VIVE NOTRE GÉNÉRAL !
SAGONTE ÉTAIT ALLIÉE À LA RÉPUBLIQUE... S'EN PRENDRE À ELLE REVENAIT À DÉCLARER LA GUERRE À ROME !
HANNIBAL !
HANNIBAL !

LA VENGEANCE D'HANNIBAL ÉTAIT EN MARCHE !

Épisode 2 L'affront de Carthage

218 AV. J.-C., ROME.
ON CROYAIT QUE LE CONFLIT S'ÉTAIT APAISÉ AVEC LES GAULOIS, ET VOILÀ QU'ON PARLE D'UNE NOUVELLE GUERRE !
ÇA N'EN FINIRA JAMAIS...
DÉTROMPE-TOI... LA DISTANCE NE CHANGE RIEN AU FAIT QUE C'EST UN DE NOS ALLIÉS QUI A ÉTÉ ATTAQUÉ !
C'EST VRAI, CES QUERELLES EN HISPANIE NE NOUS CONCERNENT PAS...
À CROIRE QU'IL VIENT NOUS PROVOQUER JUSTE POUR SE SENTIR EXISTER !
CET HANNIBAL DOIT ÊTRE VRAIMENT STUPIDE !
IL N'A AUCUNE CHANCE, CONTRE ROME...
PFF... TIENS, RESSERS-MOI DONC UN VERRE DE VIN !

BLA
BLA
BLA
BLA
IL PARAÎT QU'À L'ÉPOQUE DE NOS PÈRES, CARTHAGE A DONNÉ DU FIL À RETORDRE À NOS SOLDATS !
ÇA, C'EST DU PASSÉ...
EN 20 ANS, ROME A LARGEMENT GAGNÉ EN PUISSANCE !
ET PUIS À CE QU'ON RACONTE, HAMILCAR, LE SEUL GÉNÉRAL ADVERSE À AVOIR VRAIMENT INQUIÉTÉ NOS TROUPES, EST MORT DEPUIS LONGTEMPS...
L'ARMÉE CARTHAGINOISE N'EST PLUS QU'UN RAMASSIS DE MINABLES !
BLA
PEUT-ÊTRE, MAIS LA RUMEUR DIT QUE C'EST SON FILS, UN CERTAIN HANNIBAL, QUI EN A PRIS LE COMMANDEMENT !
TIENS, LA PREUVE...
RASSURE-TOI, LE GÉNIE DES ARMES N'EST PAS HÉRÉDITAIRE !
SUR CE PLAN, LES DIEUX SONT PLUTÔT FACÉTIEUX...
MÊME À ROME, LES DIEUX ONT AFFUBLÉ LE MEILLEUR DE NOS STRATÈGES D'UN FILS RONGÉ PAR LE DÉMON DU JEU !
HA HA ! BIEN VU ...

LE PERDANT S'ENGAGE À ARROSER LE VAINQUEUR POUR LE RESTANT DE SES JOURS !
CETTE FOIS-CI, ON JOUE POUR BOIRE...
PUBLIUS CORNELIUS SCIPION, PATRICIEN, CAVALIER DE L'ARMÉE ROMAINE.
CAIUS LAELIUS, PLÉBÉIEN, FANTASSIN DE L'ARMÉE ROMAINE.
TU VOUDRAIS QUE JE SOIS TON DÉBITEUR JUSQU'À TA MORT ?!
JE NE SUIS NI PATRICIEN, NI FILS DE CONSUL, MOI !
TRÈS BIEN... SI TU PERDS, JE ME CONTENTERAI DE LA BOURSE QUI PEND À TA CEINTURE...
ENFIN UN JEU QUI EN VAUT LA CHANDELLE !
HORS DE QUESTION ! JE N'AI PAS DE QUOI HONORER UNE DETTE PAREILLE...

* ICI, LES JOUEURS UTILISENT DES DÉS À QUATRE FACES, FAITS D'OS DE PIED DE MOUTON.

JE RELÈVE LE DÉFI !
JE COMPTE SUR VOUS, LES AMIS !
HI HI ! ÇA VA ÊTRE AMUSANT !
SI ON GAGNE, TU ME PAIES UN VERRE !
EH... MOI AUSSI, J'AI SOIF !
NE T'EN FAIS PAS, ARIA, JE T'OFFRIRAI À BOIRE... MAIS SEULEMENT EN ÉCHANGE D'UN BAISER !
À TOI DE LANCER LE PREMIER, CAIUS...
TU PRÉFÈRES QU'ON PRENNE MES OSSELETS ?
TU PLAISANTES ? ON JOUE AVEC LES MIENS, BIEN SÛR !
QUEL IDIOT SE SERVIRAIT DES DÉS D'UN ADVERSAIRE QUI AFFIRME HAUT ET FORT QU'IL VA TRICHER ?!
ÉVIDEMMENT, PRÉSENTÉ COMME ÇA ...
TOC

CLANG
カラカラ カラカラ
CLANG
UN SEPT OU UN HUIT... UN SEPT OU UN HUIT...
CLANG
カラカラ カラカラ
CLANG
MAINTE-NANT !
TAC
CRR
ALORS ?!
VSH
TADAAM
SEPT !!

J... JE N'AI PAS POUR HABITUDE DE PERDRE, MOI !
BRAVO, CAIUS... LA VICTOIRE SEMBLE VOULOIR TE SOURIRE !
JOLI COUP !
OUAIS !
À TOI, SCIPION... MAIS ATTENTION, C'EST HUIT OU RIEN !
FUIT
...
JE L'AI EU !
C'EST BON, VOUS AUTRES ?! NE LE LÂCHEZ PAS DES YEUX !
EH, ATTENDS UN PEU ! NE VA PAS TROP VITE !!
TU PARS AVEC L'AVANTAGE ...
MAIS PEU IMPORTE, PUISQUE JE VAIS TRICHER !
MAIS AVANT ÇA...
PARFAIT, JE VAIS LANCER ...

JE VOUDRAIS VOUS PARLER DES DERNIERS DÉVELOPPEMENTS DE LA GUERRE CONTRE CARTHAGE !
VOUS VOUS DEMANDEZ TOUS CE QUI SE TRAME ET QUELLE VA ÊTRE LA DÉCISION DU SÉNAT, JE ME TROMPE ?
NON... EFFECTIVEMENT, ÇA NOUS INTÉRESSE...
C'EST VRAI QUE GRÂCE À TON PÈRE, TU DOIS ÊTRE DRÔLEMENT BIEN INFORMÉ !
NE VOUS LAISSEZ PAS AVOIR !
IL CHERCHE À VOUS DISTRAIRE POUR PASSER SON ASTUCE EN DOUCE !
ÉCOUTONS-LE, CAIUS... CETTE AFFAIRE NOUS CONCERNE TOUS !
ROME A ENVOYÉ UNE DÉLÉGATION À CARTHAGE...
POUR DEMANDER QU'ON LUI LIVRE HANNIBAL, PUISQU'IL A BRISÉ L'ACCORD DE PAIX EN ENVAHISSANT UNE CITÉ ALLIÉE !
ÇA, VOUS LE SAVEZ DÉJÀ TOUS...
MAIS CE QUE VOUS IGNOREZ, C'EST QUE LES ANCIENS DE CARTHAGE, SANS MONTRER LA MOINDRE CRAINTE, ONT FERMEMENT REJETÉ CETTE REQUÊTE !

IL VOUS FAUT FAIRE UN CHOIX !
CETTE TOGE PEUT ÊTRE SYMBOLE DE PAIX COMME DE GUERRE...
C'EST À VOUS D'EN DÉCIDER !
QUE ROME FASSE COMME IL LUI PLAIRA...
NOUS LUI RÉPONDRONS EN CONSÉQUENCE !
QU...

ARMÉES ALLIÉES INCLUES, ROME DISPOSE DE 750 000 SOLDATS...
TOUS LES TRÉSORS DE CARTHAGE NE SUFFIRAIENT PAS À ENGAGER ASSEZ DE MERCENAIRES POUR LES AFFRONTER À ARMES ÉGALES !
BREF, CONTRAIREMENT À LA DERNIÈRE FOIS, CARTHAGE N'A PAS LA MOINDRE CHANCE ! ET POURTANT, ELLE SEMBLE ÉTRANGEMENT CONFIANTE ...
EST-CE QUE L'UN DE VOUS SAIT POURQUOI ?
SI ON EN CROIT MON PÈRE ET LES AUTRES SÉNATEURS...
NOTRE ADVERSAIRE AURAIT L'INTENTION D'ATTAQUER À LA FOIS PAR LE NORD ET PAR LE SUD, AFIN DE DIVISER LES FORCES ROMAINES !
HEIN ?! ELLE SORT D'OÙ, CETTE CARTE ?
DIS DONC ! ON PEUT SAVOIR CE QUE TES OSSELETS FONT SUR LA TABLE ?!
TU AS L'INTENTION DE LES ÉCHANGER AVEC LES MIENS, JE PARIE !
ARRÊTE UN PEU DE HURLER, CAIUS...

IL SEMBLE DONC LOGIQUE DE PENSER QUE LE GROS DE LEURS FORCES SE TROUVE EN HISPANIE AVEC HANNIBAL...
CARTHAGE
SICILE
NOS NAVIRES DE GUERRE SURPASSAIENT DÉJÀ CEUX DES CARTHAGINOIS LORS DE LA CONFRONTATION EN SICILE ! ET DEPUIS, UN GOUFFRE S'EST CREUSÉ ENTRE NOS DEUX MARINES...
UNE ATTAQUE AU DÉPART DE CARTHAGE NE SERAIT QU'UN LEURRE ...
SE RISQUER À ARMER UNE FLOTTE POUR TENTER DE PASSER NOTRE LIGNE DE DÉFENSE EN MÉDITERRANÉE SERAIT SUICIDAIRE ! ILS N'ESSAIERONT MÊME PAS...
MAIS DANS CE CAS, COMMENT COMPTENT-ILS REJOINDRE ROME ?
MASSIF DES ALPES
AU FINAL, LA SEULE VOIE QU'ILS POURRAIENT EMPRUNTER EST CETTE ÉTROITE BANDE DE TERRE, ENSERRÉE ENTRE LES ALPES ET LA MÉDITERRANÉE ...
MASSILIA
ROME
SAUF QUE SON ENTRÉE SE TROUVE AUX ABORDS DE MASSILIA, QUI EST UNE SOLIDE ALLIÉE DE ROME !
POUR LES ANCIENS DU SÉNAT, C'EST LÀ QUE SE TIENDRA LA BATAILLE FINALE !
SI LA MER N'EST PAS PRATICABLE, QUID DE LA MONTAGNE ? LA ROUTE N'EST PAS PLUS AISÉE... LES MONTS DES ALPES DÉFIENT LE CIEL, IMPOSSIBLE DE LES TRAVERSER À LA TÊTE D'UNE ARMÉE DE MERCENAIRES !

MÊME S'IL EXISTE UN CHEMIN, CARTHAGE N'A AUCUNE CHANCE DE VAINCRE... À L'HEURE ACTUELLE, NUL N'EST EN MESURE D'INQUIÉTER L'ARMÉE ROMAINE EN MÉDITERRANÉE !
ALORS... PEUT-ÊTRE QUE LES CARTHAGINOIS ONT UN AUTRE PLAN EN TÊTE !
APRÈS TOUT, CE SONT EUX QUI ONT DÉCLENCHÉ LES HOSTILITÉS ! JE LES VOIS MAL S'ENGAGER DANS UN CONFLIT PERDU D'AVANCE...
TOC
PAS SI VITE !
CE SONT TES OSSELETS QUE TU AS EN MAIN !
HEIN ?
J'AI PRIS SOIN DE MARQUER LES MIENS...
JE LES RECONNAITRAIS ENTRE MILLE !
TU ES FAIT, SCIPION !
BRAVO... TU AS DÉCOUVERT MA RUSE !
HA HA HA... LA VICTOIRE EST À MOI !
TOC
TOC

TAC
TAC
TAC
MALHEU-REUSEMENT POUR TOI...
CELLE-CI N'ÉTAIT QU'UN LEURRE !
QUOI ?
MON VÉRITABLE PLAN EST DÉJÀ UN SUCCÈS !
PRÊT ?!
NON, ATTENDS !!
TAC

LES DÉS SONT JETÉS …
TROIS ?!
TROIS PAUVRES PETITS POINTS ! TU PARLES D'UN SUCCÈS !!
HA HA HA !

PARDON ?
C'EST TOI QUI AS PERDU...
VOILÀ UNE DÉFAITE QUI VA TE COÛTER CHER, SCIPION !
BRAVO CAIUS, BIEN JOUÉ !
SI TU PERDS TA BOURSE, C'EST MOI LE VAINQUEUR !
LES RÈGLES ÉTAIENT CLAIRES, MON AMI ...
QU'EST-CE QUE TU RA...

HEIN ?! MAIS...
OÙ ELLE EST PASSÉE ?!
CAIUS !
ARIA ?! TRAÎTRESSE !!
MERCI DE TON AIDE...
CETTE BOURSE EST À TOI !
OH, C'EST VRAI ?!
PUBLIUS, TU ES UN AMOUR !
FUIT ♡
ET ELLE L'EMBRASSE, EN PLUS !!

VOUS VOUS ÊTES BIEN MOQUÉS DE MOI, TOUS LES DEUX ! MAIS ÇA NE SE PASSERA PAS COMME ÇA...
JE REFUSE D'ACCEPTER CE RÉSULTAT ! C'EST MOI QUI AI GAGNÉ !!
LA PARTIE A ÉTÉ COMPLÈTEMENT FAUSSÉE PAR CETTE RÈGLE IDIOTE !
JE T'AVAIS POURTANT AVERTI DÈS LE DÉBUT QU'IL Y AURAIT TRICHERIE...
PEUT-ÊTRE, MAIS...
LE TOUR QUE TU M'AS JOUÉ N'A RIEN D'UNE TRICHERIE AU SENS COMMUN DU TERME !
TU ES PRISONNIER DE TES CERTITUDES...
TON "SENS COMMUN" A-T-IL SUFFI À PROTÉGER TA BOURSE ?

N... NON ...
VU SON REGARD, MIEUX VAUT NE PAS INSISTER...
ON EST BIEN D'ACCORD !
TIENS, IMAGINE UN PEU LA BATAILLE SUIVANTE...
LES CERTITUDES, LE SENS COMMUN... CE NE SONT QUE DES BARRIÈRES QUI LIMITENT LES POSSIBILITÉS ET ENTRAVENT LE JUGEMENT !
PENDANT QUE L'ARMÉE PARTIE DE CARTHAGE FAIT DIVERSION ET ATTIRE À ELLE LES FORCES ROMAINES...
UN AGENT INFILTRÉ AU CŒUR DU POUVOIR ROMAIN PROFITE DE LEUR ABSENCE POUR SUSCITER UNE RÉBELLION...
ET CARTHAGE PREND ROME SANS MÊME AVOIR À COMBATTRE !
UNE CHOSE PAREILLE N'ARRIVERA JAMAIS...
CE QUE TU RACONTES N'A PAS DE SENS !

C'EST VRAI, DIFFICILE D'IMAGINER QUE CELA PUISSE RÉELLEMENT SE PRODUIRE...
ET TU SAIS POURQUOI ?
PARCE QUE LES RUES DE ROME SONT RICHES ET QUE LES VIVRES Y ABONDENT...
PARCE QUE LES AQUEDUCS FOURNISSENT ASSEZ D'EAU POUR ÉTANCHER LA SOIF DE TOUS ET QUE LES ÉGOUTS ÉLOIGNENT LES MALADIES...
QUI, DANS CETTE VILLE OPULENTE, NOURRIRAIT DES DÉSIRS DE RÉVOLTE ?
MÊME SI L'ENNEMI PARVENAIT À ACHETER QUELQUES MARGINAUX POUR SOUTENIR SA CAUSE...
LES CITOYENS AURAIENT VITE FAIT D'ÉTOUFFER LEURS TENTATIVES POUR PROTÉGER LA CITÉ QU'ILS AIMENT TANT !
SUR LA BASE DE NOS CERTITUDES, L'ÉVENTUALITÉ D'UNE TELLE MACHINATION NE TIENT PAS DEBOUT...
MAIS À TROP FAIRE CONFIANCE À CE QU'ON CONNAÎT, ON EN VIENT PARFOIS À OUBLIER LA PRUDENCE ET À SE LAISSER ABUSER !
DANS NOTRE CAS, TON PRÉJUDICE S'EST LIMITÉ À UNE BOURSE À MOITIÉ PLEINE ...

MAIS IMAGINE LES CONSÉQUENCES, SI NOUS AVIONS JOUÉ L'AVENIR DE ROME !
SI ON SE FIE À CE QU'ON SAIT, NOTRE VICTOIRE PARAÎT LOGIQUE ...
C'EST TELLEMENT ÉVIDENT QU'ON PEINE À COMPRENDRE POURQUOI CARTHAGE SE LANCE DANS UN TEL CONFLIT !
TU VOIS, LE RAISONNEMENT DES SÉNATEURS ET DE MON PÈRE NE SEMBLE SOUFFRIR D'AUCUNE LACUNE...
IL EST EMPREINT DE BON SENS...
POURTANT, JE N'ARRIVE PAS À M'EMPÊCHER DE PENSER QUE DANS CES PRÉVISIONS, TOUT EST TROP IDYLLIQUE !
TU NE TROUVES PAS...

QUE LA POSTURE DE ROME ...
RESSEMBLE ÉTRANGEMENT À LA TIENNE AU DÉBUT DE LA PARTIE ?
BLA BLA
ざわざわ
LES GAULOIS AUSSI SE SONT LANCÉS DANS UNE GUERRE STUPIDE ET PERDUE D'AVANCE...
QUELLE DIFFÉRENCE AVEC HANNIBAL ?
À S'INQUIÉTER SANS RAISON, ON VIEILLIRA TOUS AVANT L'ÂGE !
JE PENSE SURTOUT QUE TU RÉFLÉCHIS TROP... ET MAL !
TU VEUX DES RAISONS ? JE VAIS T'EN DONNER...
UN MARCHAND VENU D'HISPANIE A RAPPORTÉ UNE ANECDOTE INTÉRESSANTE...

C'ÉTAIT IL Y A DEUX ANS, AU PRINTEMPS... ALORS QUE LES TROUPES D'HANNIBAL PROGRESSAIENT, ELLES SONT TOMBÉES NEZ À NEZ AVEC UNE ARMÉE DE COALITION FORMÉE PAR DES TRIBUS IBÈRES !
IL Y AVAIT LÀ PRÈS DE 100 000 HOMMES... BIEN PLUS QUE NE POUVAIENT RAISONNABLEMENT EN AFFRONTER LES CARTHAGINOIS PRÉSENTS !
HANNIBAL ÉTAIT DANS UNE IMPASSE... D'APRÈS TOI, QUELLE ATTITUDE A-T-IL ADOPTÉE ?
COMMENT TU VEUX QU'ON LE SACHE ?
VAS-Y, PARLE !
IL S'EST ENFUI ...
HA HA HA ! C'EST MINABLE !
CET HANNIBAL N'EST FINALEMENT QU'UN LÂCHE !
SES ENNEMIS ONT DÛ PENSER COMME TOI... ILS SE SONT LANCÉS À SA POURSUITE COMME UN AIGLE FONDANT SUR SA PROIE !
LE BON SENS COMMANDAIT DE NE PAS LA LAISSER PASSER !
ILS VOYAIENT LÀ UNE OCCASION UNIQUE DE CHASSER L'ENVAHISSEUR HORS DE LEURS TERRES...

CEPENDANT, L'ARMÉE D'HANNIBAL, QU'ON CROYAIT EN DÉROUTE...
S'ÉTAIT EN RÉALITÉ REPLIÉE SUR LA RIVE OPPOSÉE DU TAGE, OÙ ELLE ATTENDAIT L'ADVERSAIRE EN RANGS SERRÉS...
ET LORSQUE LES IBÈRES, EMPORTÉS PAR LEUR ÉLAN, SE SONT ENGAGÉS DANS LE FLEUVE, HANNIBAL A ENVOYÉ SES CAVALIERS ET SES ÉLÉPHANTS DE GUERRE !
USH
...
PLUS RAPIDES ET PLUS MOBILES, ILS ONT MASSACRÉ SANS PITIÉ LES FANTASSINS ADVERSES, EMBOURBÉS DANS LA VASE ET GÊNÉS PAR LE COURANT...
LES FLOTS SONT RAPIDEMENT DEVENUS ROUGE SANG ET ONT EMPORTÉ NOMBRE D'IBÈRES QUI, PRIS DE PANIQUE, AVAIENT FINI PAR SE NOYER...
LES SOLDATS RESTÉS SUR LA BERGE, HORRIFIÉS PAR CE SPECTACLE, SE SONT ENFUIS SANS DEMANDER LEUR RESTE...
AU FINAL, LA VICTOIRE D'HANNIBAL A ÉTÉ TOTALE !

QUAND LA NOUVELLE EST ARRIVÉE À LEURS OREILLES, LES ANCIENS DE CARTHAGE, QUI S'OPPOSAIENT À CE QUE LE JEUNE BARCA PRENNE LA TÊTE DE L'ARMÉE À LA SUITE DE SON PÈRE...
N'ONT EU D'AUTRE CHOIX QUE DE RECONNAÎTRE LA LÉGITIMITÉ DE SON COMMANDEMENT !
TOUT ÇA N'EST PAS TRÈS PLAUSIBLE...
TU MESURES LA QUANTITÉ DES VIVRES NÉCESSAIRES À L'ENTRETIEN DE 100 000 HOMMES ?
MÊME SI L'ÉPISODE A VRAIMENT EU LIEU, CETTE HISTOIRE EXAGÈRE FORCÉMENT LES FAITS !
LES SÉNATEURS ONT FAIT LA MÊME REMARQUE...
PEUT-ÊTRE QUE LES CHIFFRES RAPPORTÉS AUX ANCIENS ONT ÉTÉ GONFLÉS DANS LE DESSEIN D'ASSEOIR LA POSITION D'HANNIBAL...
MAIS LES CHIFFRES NE SONT QU'UN DÉTAIL...
CE QUI NOUS INTÉRESSE, C'EST LA FAÇON DONT LE GÉNÉRAL S'EST SORTI DE CETTE SITUATION DÉLICATE !
MÊME MIS AU PIED DU MUR, IL A SU GARDER ASSEZ DE SANG-FROID...
POUR ANALYSER LES FORCES EN PRÉSENCE, LA TOPOGRAPHIE DES LIEUX AINSI QUE L'ÉTAT D'ESPRIT DE L'ADVERSAIRE, ET POUR ÉCHAFAUDER IMMÉDIATEMENT UNE STRATÉGIE !

CET HANNIBAL EST UN MENEUR D'HOMMES DE PREMIER ORDRE !
SI UN CHEF DE GUERRE COMME LUI A ENGAGÉ UNE ACTION QUI, À PREMIÈRE VUE, PEUT SEMBLER TÉMÉRAIRE, VOIRE INSENSÉE...
IL Y A FORT À PARIER QUE L'ARMÉE ROMAINE, EN RÉPONDANT "LOGIQUEMENT" À SA PROVOCATION, A DÉJÀ FAIT LE PREMIER PAS VERS LES RIVES BOUEUSES D'UN FLEUVE QUI POURRAIT BIEN L'EMPORTER !
PERSONNE NE SAIT CE QUI NOUS ATTEND, NI QUEL EST LE DESTIN DE ROME...
MAIS ENTRE NOUS, CETTE GUERRE ...
POURRAIT BIEN MAL FINIR !

AOÛT 218 AV. J-C. ROME, CHAMP DE MARS. RASSEMBLEMENT DES NOUVELLES RECRUES.
L'ARMÉE ROMAINE EST PUISSANTE !
MAIS IL NE FAUT EN TIRER AUCUN ORGUEIL !

CAR ROME NE S'EST PAS CONSTRUITE PAR LES EFFORTS DE SON SEUL PEUPLE !
PUBLIUS CORNELIUS SCIPION, CONSUL, PÈRE DU JEUNE SCIPION.
GARDEZ TOUJOURS À L'ESPRIT, Ô ROMAINS
...

SI AUJOURD'HUI SA GLOIRE RAYONNE SUR LE MONDE, C'EST AUSSI GRÂCE AUX ALLIÉS QUI ONT VERSÉ LEUR SANG POUR ELLE !
QUE NOTRE PATRIE S'ÉTEND BIEN AU-DELÀ DU HAVRE DE PAIX PRÉSERVÉ DERRIÈRE LA MURAILLE DE SERVIUS TULLIUS !
ROME EST PARTOUT !

ROME EST UNE ET INDIVISIBLE !
RIEN NE PEUT BRISER LES LIENS SOLIDES QUI NOUS UNISSENT !
HOURRA !
PROFITANT DE NOTRE CONFLIT AVEC LES GAULOIS, HANNIBAL, AU MÉPRIS DE LA PAIX SIGNÉE ...
EST VENU MENACER NOS ALLIÉS DE LA POINTE DE SA LANCE !

L'HEURE N'EST PLUS À LA CLÉMENCE ! CARTHAGE DOIT PAYER !
ET APRÈS L'HISPANIE, C'EST AUJOURD'HUI VERS MASSILIA QU'IL DIRIGE SES VELLÉITÉS DE CONQUÊTE !
FRÈRES SOLDATS, PRENEZ LES ARMES !
PROUVONS À CES BARBARES QUE ROME NE SE LAISSE PAS DÉFIER IMPUNÉMENT !
HOURRA ! HOURRA !

NOTRE PROCHAIN ADVERSAIRE EST BIEN PLUS REDOUTABLE QUE TOUS CEUX QUE NOUS AVONS CROISÉS PAR LE PASSÉ...
SILENOS, ANCIEN PRÉCEPTEUR DE LA FAMILLE BARCA, CONSEILLER MILITAIRE ET SECRÉTAIRE DE L'ARMÉE.
NOMBRE DE NOS GUERRIERS PÉRIRONT EN L'AFFRONTANT...

PARCE QUE MOI, IL ME SEMBLE INSENSÉ !
MAGON BARCA, FRÈRE CADET D'HANNIBAL.
SILENOS... TU CROIS QUE CE PLAN A DES CHANCES D'ABOUTIR ?
ILS SONT PRÈS DE 50 000 À AVOIR ACCEPTÉ DE SUIVRE HANNIBAL !
TOUS EN SONT CONS-CIENTS, ET POURTANT...
LA MOITIÉ, SANS DOUTE... PEUT-ÊTRE PLUS...

50 000 À REMETTRE LEUR VIE ENTRE SES MAINS !
ET TOI MAGON, SON MEILLEUR OFFICIER, TU DOUTES DU BIEN-FONDÉ DE SA STRATÉGIE ?
NON, C'EST SIMPLEMENT QUE...
MAGON !
OUI ?
NE CRAINS PAS LES ÉPREUVES...
CAR AU-DELÀ DES DIFFICULTÉS SE TROUVE LE CIEL !

NOTRE ARMÉE SAURA LES SURMONTER...
ET GRÂCE À ELLE, NOUS ATTEINDRONS DE NOUVEAUX SOMMETS !

ET SI LA PEUR DE LA MORT TE TOURMENTE ...
RIS EN IMAGINANT À QUEL POINT...
CES POLTRONS SUINTANT L'ARROGANCE, DÉSORMAIS CONSCIENTS DE NOTRE PROJET...
TREMBLENT EN MARCHANT SUR NOS TRACES !

FIN SEPTEMBRE 218 AV. J.-C., QUELQUE PART AU NORD DE MASSILIA, DEVANT LES RESTES DU CAMP D'HANNIBAL.
ON ARRIVE TROP TARD... ILS SONT DÉJÀ RE-PARTIS !
SANS L'ATTAQUE DE CES MAU-DITS REBEL-LES GAULOIS, ON AURAIT PU LES PRENDRE AU PIÈGE...
SCIPION ! COMMENT VEUX-TU QU'ON BRILLE AU COMBAT, SANS ENNEMI À AFFRON-TER ?!
...
TU LE VOIS COMME MOI ...
ATTENDS... QU'EST-CE QUE C'EST QUE ÇA ?

Épisode 3 L'éveil du jeune lion

VISIBLEMENT, HANNIBAL A EU AFFAIRE À EUX, LUI AUSSI...
IL A PROBABLEMENT ESSUYÉ LEURS ASSAUTS ALORS QU'IL FRANCHIS-SAIT LE RHÔNE ...
PUBLIUS CORNELIUS SCIPION, CONSUL ET COMMANDANT DE L'ARMÉE ROMAINE, PÈRE DU JEUNE SCIPION.
EN PLUS D'ÊTRE ATTA-CHÉS À LEUR TERRITOIRE, LES GAULOIS SONT D'UNE NATURE VIOLENTE ET IMPULSIVE...
ILS ONT DÛ ATTAQUER SANS CHERCHER À COMPRENDRE... LES CARTHAGI-NOIS N'EN ONT FAIT QU'UNE BOUCHÉE !
GNAEUS CORNELIUS SCIPION, DIT "LE CHAUVE", COMMANDANT EN SECOND DE L'ARMÉE ROMAINE, SON FRÈRE.
MAIS POURQUOI HANNIBAL A-T-IL CHOISI DE PAS-SER PAR DES BOIS PEUPLÉS DE TELS SAU-VAGES ?
D'ESCAR-MOUCHE EN ESCARMOUCHE, IL USE SES FOR-CES AVANT LA BA-TAILLE... C'EST À N'Y RIEN COM-PRENDRE !
...

APRÈS AVOIR FAIT TOMBER SAGONTE, HANNIBAL, ANIMÉ PAR UNE PUISSANTE SOIF DE REVANCHE...
S'EST MIS EN MARCHE AVEC SES GUERRIERS EN DIRECTION DE MASSILIA...
MASSIF DES ALPES
ROME
CARTHAGE
ARMÉE D'HANNIBAL
ARMÉE ROMAINE
MAIS LES SOLDATS ROMAINS ONT EU BEAU ATTENDRE, HANNIBAL NE S'EST JAMAIS MONTRÉ AUX PORTES DE LA CITÉ.
LE CARTHAGINOIS AVAIT ÉVITÉ LES LÉGIONS EMBUSQUÉES ! CE N'EST QU'À LA FAVEUR D'UNE ESCARMOUCHE ENTRE LES PATROUILLES DE RECONNAISSANCE DES DEUX CAMPS, QUI A TOURNÉ À L'AVANTAGE DE ROME...
QUE SCIPION ET SES HOMMES ONT PU LOCALISER LA POSITION DE L'ENNEMI.

LE SÉNAT A ALORS DÉCIDÉ D'Y ENVOYER UNE ARMÉE DE LÉGIONNAIRES DIRIGÉE PAR LE CONSUL PUBLIUS CORNELIUS SCIPION, AFIN DE FAIRE DE LA VILLE LE THÉÂTRE D'UNE LUTTE QUI METTRAIT FIN AUX AMBITIONS DE CARTHAGE.
MASSIF DES PYRÉNÉES
MASSILIA
SAGONTE
CARTHAGÈNE (LA NOUVELLE CARTHAGE)
HÉLAS POUR EUX, À LEUR ARRIVÉE, LES TROUPES ENNEMIES AVAIENT DÉJÀ DISPARU !
SUR PLACE, ILS N'ONT TROUVÉ QUE LES RESTES D'UN CAMP LEVÉ PRÉCIPITAMMENT ET LES CADAVRES DE QUELQUES GAULOIS...
LIEU DE L'ESCARMOUCHE
MASSILIA
HANNIBAL AVAIT INSTALLÉ SON CAMP EN AMONT DU RHÔNE, SUR LA RIVE EST, À ENVIRON QUATRE JOURS DE MARCHE DE LA CÔTE (SOIT À PRÈS DE 100 KM DE MASSILIA)...
LES ROMAINS SE SONT DONC HÂTÉS DANS CETTE DIRECTION, ESPÉRANT BÉNÉFICIER DE L'EFFET DE SURPRISE...

MASSIF DES ALPES
MASSILIA
VERS ROME
JE N'ARRIVE PAS À M'EXPLIQUER CE QU'IL GAGNE À PRENDRE UN ITINÉRAIRE SUSCEPTIBLE D'AFFAIBLIR SES TROUPES AVANT MÊME DE S'ÊTRE ASSURÉ UN PASSAGE !
ET MASSILIA EN EST LE POINT D'ENTRÉE ! SA CHUTE PUIS SA DÉFENSE DOIVENT ÊTRE LA PRIORITÉ ABSOLUE D'HANNIBAL…
LA SEULE ROUTE PRATICABLE MENANT À ROME EST L'ÉTROIT CHEMIN QUI PASSE ENTRE LA MER MÉDITERRANÉE ET LES ALPES…
SOUVIENS-TOI DE LA REDOUTABLE INTELLIGENCE STRATÉGIQUE DONT IL A FAIT PREUVE EN HISPANIE…
QUOI ?
PEUT-ÊTRE QU'IL N'A JAMAIS EU L'INTENTION DE COMBATTRE À MASSILIA…
CONSCIENT DE NE PAS POUVOIR FAIRE FACE AUX 100 000 HOMMES QUI LUI BARRAIENT LA ROUTE…
IL A AFFICHÉ UNE APPARENTE FAIBLESSE EN PRENANT LA FUITE, CE QUI A POUSSÉ L'ENNEMI À LE POURSUIVRE…
MAIS CE N'ÉTAIT QUE POUR MIEUX LE PIÉGER ! UNE FOIS L'ADVERSAIRE EMBOURBÉ DANS LA VASE, LES CAVALIERS ET LES ÉLÉPHANTS D'HANNIBAL ONT AISÉMENT PRIS LE DESSUS…

HMM... ÉVIDEMMENT, SES HOMMES SERAIENT SÛREMENT PLUS À L'AISE DANS UNE BATAILLE SAUVAGE EN FORÊT QUE DANS UNE GUERRE DE SIÈGE À MASSILIA !
...
QUI SAIT S'IL NE NOUS A PAS ENTRAÎNÉS DANS CES BOIS À DESSEIN ?
PEUT-ÊTRE ATTEND-IL QU'ON LE SUIVE JUSQU'AU CHAMP DE BATAILLE DE SON CHOIX POUR NOUS COMBATTRE...
IL EST MÊME POSSIBLE QUE LA VICTOIRE DE NOTRE PETIT GROUPE DE RECONNAISSANCE, LA DERNIÈRE FOIS...
NE SOIT QU'UN PIÈGE DESTINÉ À NOUS ATTIRER JUSQU'ICI !
CE SERAIT LÀ UN PLAN DIGNE DU JEUNE GARÇON RUSÉ QUE J'AI RENCONTRÉ À L'ÉPOQUE...
JE SUIS IMPRESSIONNÉ, SCIPION... TOUT TOURNE EXACTEMENT COMME TU L'AVAIS PRÉVU !
EN ES-TU SI SÛR ?
PFF... RABAT-JOIE !

JE T'ÉCOUTE ...
PÈRE ! QUELQUE CHOSE ME DÉRANGE...
CES BOIS SE SITUENT SUR LE TERRITOIRE DES GAULOIS... HANNIBAL NE PEUT PAS Y FAIRE UN PAS SANS ES-SUYER LEURS ATTAQUES !
PUISQUE NOUS LE SUIVONS, EN UN SENS, IL NOUS OUVRE LE CHEMIN... NOTRE ESCADRON N'A PAS À SOUFFRIR LE MOINDRE DOM-MAGE !
ET QU'EST-CE QUE CE SERAIT, À TON AVIS ?
À L'HEURE QU'IL EST, SES HOMMES DOIVENT ÊTRE FATIGUÉS, VOIRE BLESSÉS, POUR CERTAINS ! DANS CES CONDI-TIONS, MÊME UNE BATAILLE EN FO-RÊT NE LUI SERAIT PAS FORCÉMENT FAVORABLE...
JE NE CROIS PAS QU'IL CHERCHE À NOUS ATTIRER À LUI POUR PROVOQUER UN COMBAT OÙ QUE CE SOIT... IL DOIT AVOIR UN AUTRE OBJECTIF !

LES ALPES ...
HANNIBAL S'EST MIS EN TÊTE DE LES FRANCHIR !
?!
QUOI ? IL VEUT TRAVER-SER LES MONTA-GNES ?!
C'EST RIDICULE !
TU NE TE RENDS PAS COMPTE DE CE QUE TU DIS !

ET SI PAR MIRACLE CERTAINS RÉUSSISSAIENT À FRANCHIR LEURS SOMMETS, TU PENSES VRAIMENT QU'UNE TROUPE DE MERCENAIRES ÉPUISÉS PAR LA NEIGE ET LE FROID POURRAIT RÉSISTER À LA PUISSANTE ARMÉE DE COALITION ROMAINE ?
LES ALPES SONT AUTREMENT PLUS REDOUTABLES QUE CES BUTORS DE GAULOIS !
AUCUN MERCENAIRE, AUSSI GRASSEMENT PAYÉ SOIT-IL, N'ACCEPTERAIT DE LE SUIVRE DANS UNE EXPÉDITION PAREILLE !
EN AGISSANT AINSI, IL EXPOSERAIT SES HOMMES À UNE MORT CERTAINE ...
750 000 LÉGIONNAIRES, CE N'EST PAS RIEN ! RÉFLÉCHIS UN PEU ...
TU CROIS QUE LES ANCIENS DE CARTHAGE AURAIENT CONFIÉ LA RESPONSABILITÉ D'UNE GUERRE À UN CHEF CAPABLE D'INITIATIVES AUSSI DÉNUÉES DE BON SENS ?
EH BIEN... RÉPONDS, JEUNE SCIPION !
EN FAIT, JE...
À L'AVENIR, TU T'ABSTIENDRAS D'INTERVENIR SANS PLUS D'ARGUMENTS... TU AS ENCORE BEAUCOUP À APPRENDRE !

C'EST VRAI QU'À PREMIÈRE VUE...
PARTIR DÉFIER LES FORCES ROMAINES AVEC UNE TROUPE DE 50 000 GUERRIERS SEMBLE TOTALEMENT FOU !
VSH
VSH
HÉ HÉ !
IL T'A BIEN MOUCHÉ...
"JEUNE SCIPION" !
OH, ÇA VA, HEIN !
AVE, CONSUL !
JE VOIS MAL HANNIBAL SE LANCER DANS UN COMBAT PERDU D'AVANCE... ET POURTANT...
LA GARNISON DE MASSILIA NOUS INFORME...
QUE LES HAUTEURS DU NORD-EST SONT HABITÉES PAR LES VOLQUES...
ET QU'UNE INCURSION D'HANNIBAL SUR LEUR TERRITOIRE AURAIT PU ÊTRE DE NATURE À PROVOQUER DES AFFRONTEMENTS !
EH BIEN DANS CE CAS, PROGRESSONS DANS CETTE DIRECTION...
RESTER ICI À DISCUTAILLER NE NOUS MÈNERA NULLE PART !

LE VILLAGE A ÉTÉ RAVAGÉ !
MÊME CE HAMEAU N'A PAS ÉTÉ ÉPARGNÉ...
DIS-MOI, GAULOIS ...
QU'EST-IL ARRIVÉ SUR CES TERRES ?
EST-CE LÀ L'ŒUVRE D'HANNIBAL ? PEUX-TU ME DIRE OÙ IL SE TROUVE ?

VOUS AUSSI, ROMAINS, VOUS ÊTES VENUS BRÛLER ET PILLER ?
IL N'Y A PLUS RIEN À PRENDRE ICI...
REPARTEZ D'OÙ VOUS VENEZ !
COMMENT VOULEZ-VOUS NÉGOCIER AVEC UN PEUPLE PAREIL ?
NOUS NE SOMMES PAS LÀ EN ENNEMIS, GAULOIS ! C'EST HANNIBAL LE CARTHAGINOIS QUE NOUS VOULONS ABATTRE...
APRÈS CE QU'IL VOUS A FAIT SUBIR, J'IMAGINE QUE VOUS PRÉFÉRERIEZ LE SAVOIR MORT !
TU AS VU LES CADAVRES, SUR TA ROUTE ? IL Y EN A PLUS QUE NOUS NE POUVONS EN ENTERRER ...
...

BRIKHAM VA TE PARLER... LUI SAIT CE QUE TU VEUX ENTENDRE !
...
IL Y A QUELQUES JOURS, ON A APPRIS QUE L'ARMÉE DE CARTHAGE AVAIT VIOLÉ LE TERRITOIRE DES VOLQUES...
MALGRÉ LES RÉTICENCES DE NOTRE CHEF, MES GUERRIERS ET MOI AVONS DÉCIDÉ D'ALLER DÉFENDRE NOTRE TERRE !

POUR EMPÊCHER L'ENNEMI DE FRANCHIR LE RHÔNE, J'AI RASSEMBLÉ LES JEUNES DE LA RÉGION...
ET NOUS NOUS SOMMES POSTÉS SUR LA RIVE EST DU FLEUVE...
MAIS ALORS QUE NOUS ÉTIONS EN TRAIN DE DÉFIER LES SOLDATS QUI ARRIVAIENT SUR L'AUTRE BERGE, UNE ÉPAISSE FUMÉE NOIRE S'EST ÉLEVÉE DERRIÈRE NOUS...
NOTRE VILLAGE ÉTAIT EN FEU !
UN TRAÎTRE AVAIT GUIDÉ UN PETIT GROUPE PLUS EN AMONT POUR LE FAIRE TRAVERSER À NOTRE INSU...
LE TEMPS DE REVENIR SUR NOS PAS POUR TENTER DE SAUVER CE QUI POUVAIT L'ÊTRE, LE GROS DES TROUPES AVAIT PASSÉ LE FLEUVE ! TOUT ÉTAIT PERDU...

CET HANNIBAL... MIEUX VAUT NE PAS LE SOUS-ESTIMER !
ESPÈCE DE...
VSH
ON NE PEUT PAS DIRE QUE VOUS AYEZ ÉTÉ TRÈS FINS... ET DONC, PAR OÙ EST-IL PARTI ?
REMONTER LE RHÔNE VERS LE NORD ?
IL A LONGÉ LE FLEUVE EN DIRECTION DU NORD ! C'EST TOUT CE QUE NOUS SAVONS ...
CETTE ROUTE CONDUIT TOUT DROIT...
NOUS N'AVONS PLUS RIEN À VOUS DIRE... PARTEZ, MAINTENANT !

AUX ALPES !
IL VA NOUS TENDRE UNE EMBUSCADE !
À MON AVIS, MIEUX VAUT ÉVITER LA ROUTE QUI LONGE LE FLEUVE...
D'AUTANT QU'IL A DÉSORMAIS L'EXPÉRIENCE D'UNE BATAILLE SUR CES RIVES !
IMPOSSIBLE...
HANNIBAL NE SE RISQUERAIT PAS DANS LES MONTAGNES... SON ARMÉE N'Y SURVIVRAIT PAS !
MAIS RÉDUIRE À NÉANT NOTRE CORPS EXPÉDITIONNAIRE NE L'AVANCERAIT À RIEN...
APRÈS NOUS, IL Y A ENCORE DES CENTAINES DE MILLIERS D'HOMMES EN ARMES QUI L'ATTENDENT !
NON, SOYONS LOGIQUES... UNE SEULE OPTION S'OFFRE À LUI...
QUE PEUT-IL BIEN AVOIR EN TÊTE ?

HORS DE QUESTION !
GAULOIS ! VOUS ALLEZ NOUS FOURNIR UN GUIDE QUI NOUS TROUVERA UN CHEMIN SÛR...
NOUS MÉPRISONS HANNIBAL, MAIS ÇA NE NOUS OBLIGE EN RIEN À PRÊTER MAIN-FORTE À DES ROMAINS BOUFFIS D'ORGUEIL TELS QUE VOUS !
COMMENT OSES-TU...
UNE PURE PERTE DE TEMPS, PUISQU'ILS SAVAIENT QUE NOUS LES ÉCRASERIONS SANS SUBIR LA MOINDRE PERTE !
TIENS, JUSTE AVANT NOTRE DÉPART, IL NOUS A FALLU RÉPRIMER UNE RÉVOLTE MENÉE PAR LES BOÏENS DANS NOS COLONIES DU NORD...
PFF... QU'IMPORTE LA PEUPLADE, CES GAULOIS SONT DÉCIDÉMENT TOUS LES MÊMES...
POURQUOI REFUSEZ-VOUS D'ACCEPTER LA RÉALITÉ ?
VOTRE SEUL ATOUT EST LA FORCE, GAULOIS...
MAIS L'ÉPOQUE OÙ CELLE-CI SUFFISAIT À GAGNER LES BATAILLES EST RÉVOLUE !
BÊTES COMME DES ÂNES ET FIERS COMME DES COQS !

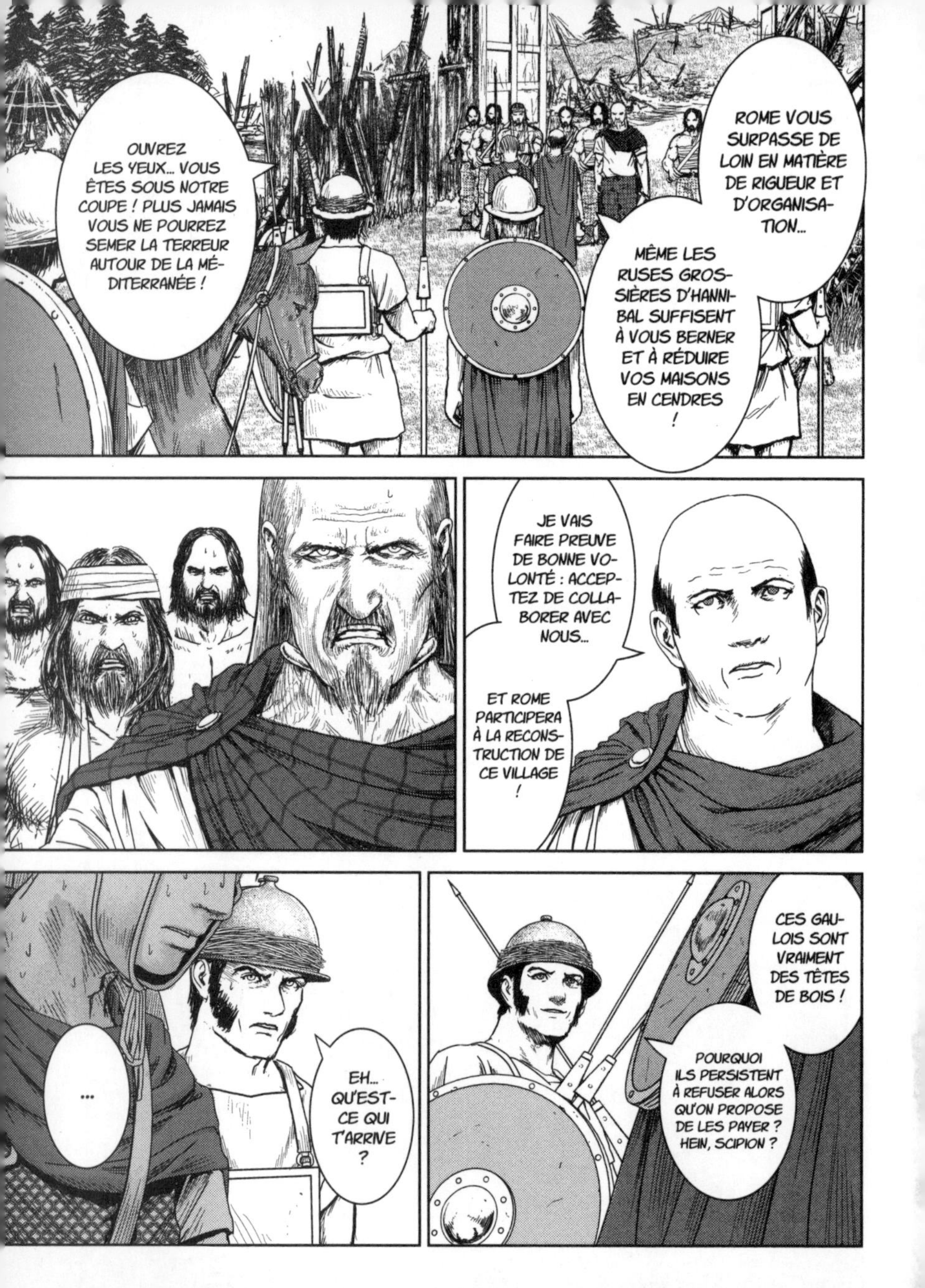
ROME VOUS SURPASSE DE LOIN EN MATIÈRE DE RIGUEUR ET D'ORGANISATION...
OUVREZ LES YEUX... VOUS ÊTES SOUS NOTRE COUPE ! PLUS JAMAIS VOUS NE POURREZ SEMER LA TERREUR AUTOUR DE LA MÉDITERRANÉE !
MÊME LES RUSES GROSSIÈRES D'HANNIBAL SUFFISENT À VOUS BERNER ET À RÉDUIRE VOS MAISONS EN CENDRES !
JE VAIS FAIRE PREUVE DE BONNE VOLONTÉ : ACCEPTEZ DE COLLABORER AVEC NOUS...
ET ROME PARTICIPERA À LA RECONSTRUCTION DE CE VILLAGE !
CES GAULOIS SONT VRAIMENT DES TÊTES DE BOIS !
POURQUOI ILS PERSISTENT À REFUSER ALORS QU'ON PROPOSE DE LES PAYER ? HEIN, SCIPION ?
EH... QU'EST-CE QUI T'ARRIVE ?
...

LA RÉVOLTE...
DES BOÏENS !
MAIS SI CETTE ÉMEUTE N'AVAIT PAS RETARDÉ NOS LÉGIONS, ELLES SERAIENT ARRIVÉES EN HISPANIE À TEMPS POUR Y STOPPER L'AVANCÉE DE L'ARMÉE D'HANNIBAL...
C'ÉTAIT UN DE CES MOUVEMENTS IMPULSIFS ET IRRÉFLÉCHIS DONT LES PEUPLES GAULOIS SONT COUTUMIERS... DU MOINS EN APPARENCE !
DIS, ÇA VA ?

J'AI MOI AUSSI UNE QUESTION À TE POSER !
GAULOIS !
PARLE, ROMAIN ...
...
CE TRAÎTRE QUI A MENÉ HANNIBAL EN AMONT DU FLEUVE...
IL N'ÉTAIT PAS VOLQUE, N'EST-CE PAS ?
NON, JE NE CROIS PAS...
HEIN ?

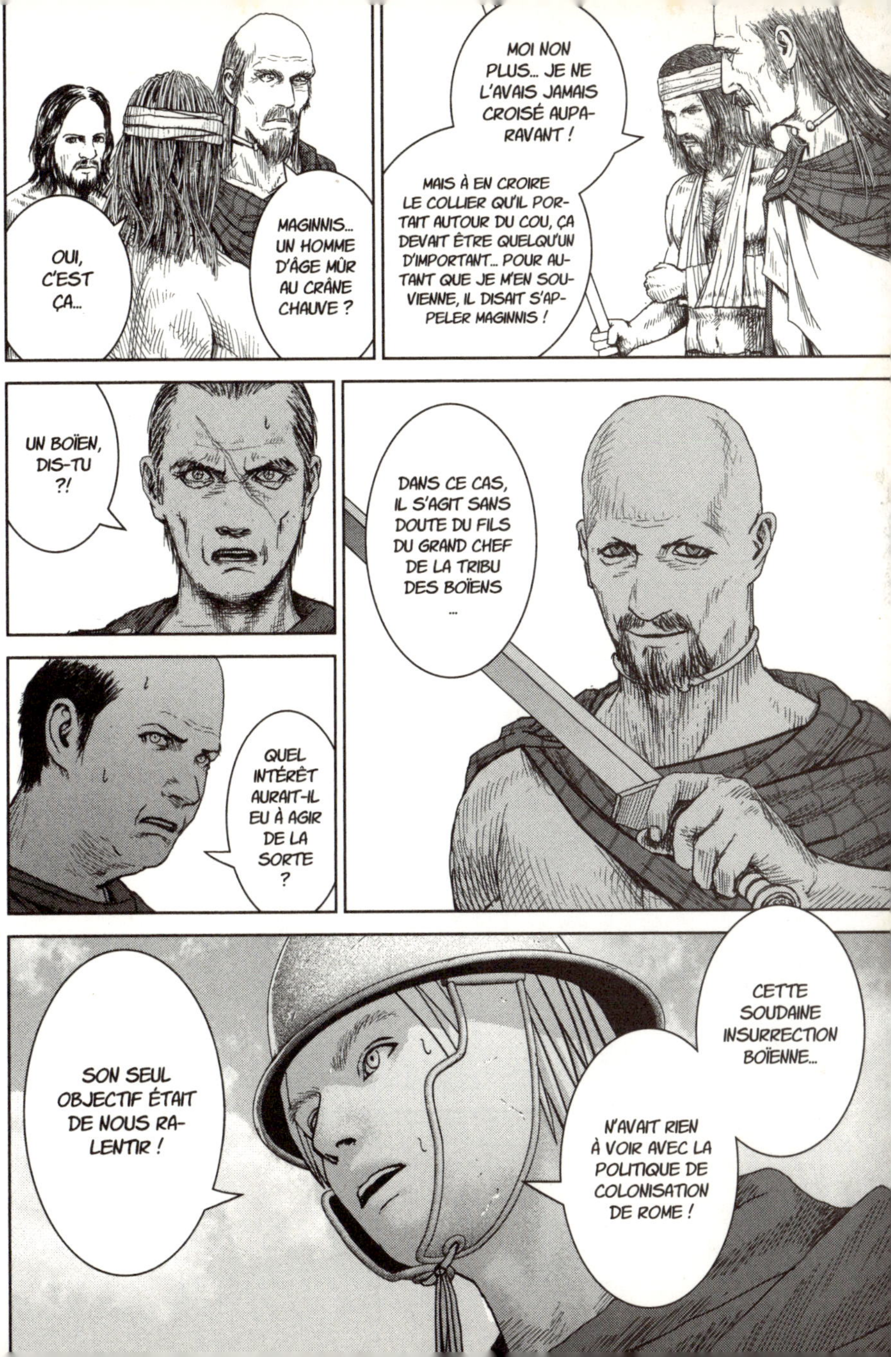
MOI NON PLUS... JE NE L'AVAIS JAMAIS CROISÉ AUPARAVANT !
MAIS À EN CROIRE LE COLLIER QU'IL PORTAIT AUTOUR DU COU, ÇA DEVAIT ÊTRE QUELQU'UN D'IMPORTANT... POUR AUTANT QUE JE M'EN SOUVIENNE, IL DISAIT S'APPELER MAGINNIS !
MAGINNIS... UN HOMME D'ÂGE MÛR AU CRÂNE CHAUVE ?
OUI, C'EST ÇA...
DANS CE CAS, IL S'AGIT SANS DOUTE DU FILS DU GRAND CHEF DE LA TRIBU DES BOÏENS ...
UN BOÏEN, DIS-TU ?!
QUEL INTÉRÊT AURAIT-IL EU À AGIR DE LA SORTE ?
CETTE SOUDAINE INSURRECTION BOÏENNE...
N'AVAIT RIEN À VOIR AVEC LA POLITIQUE DE COLONISATION DE ROME !
SON SEUL OBJECTIF ÉTAIT DE NOUS RALENTIR !

LE PEUPLE BOÏEN S'EST RANGÉ DU CÔTÉ D'HANNIBAL...
POUR LE GUIDER À TRAVERS LES ALPES !

JE N'ARRIVE PAS À Y CROIRE...
J'ES-PÈRE QUE TU ES SÛR DE CE QUE TU AVANCES, SCIPION...
SINON TU VAS ENCORE T'ATTIRER LES FOUDRES DE TON ONCLE !
BLA
ざわ
BLA
ざわ
BLA
ざわ
BLA
ざわ
ENCORE CES HYPO-THÈSES FUMEUSES ?!
JE T'AI POURTANT DÉJÀ EX-PLIQUÉ...
QUE LA SIMPLE IDÉE D'UNE TELLE TRAVERSÉE ÉTAIT TOUT BONNEMENT SUICIDAIRE !!
COMMENT A-T-ON PU ÊTRE AUSSI NAÏFS ?!
?

LES HOMMES QU'HANNIBAL VA PERDRE DANS LES ALPES SERONT BIEN VITE REMPLACÉS...
DE L'AUTRE CÔTÉ, AU NORD DE ROME, PARMI LES GAULOIS QUI PEUPLENT LA PLAINE...
NOMBREUX SONT LES GUERRIERS PRÊTS À COMBATTRE LA RÉPUBLIQUE !
C'EST ON NE PEUT PLUS IMPROBABLE !
PEUT-ÊTRE, MAIS C'EST UNE RÉPONSE SIMPLE ET LOGIQUE...
QUI JUSTIFIE CES COMPORTEMENTS QUI NOUS SEMBLAIENT IRRATIONNELS !
ÇA EXPLIQUE NON SEULEMENT POURQUOI HANNIBAL A PRÉFÉRÉ ÉVITER LE COMBAT À MASSILIA POUR CONTINUER SA MARCHE...
MAIS AUSSI POUR QUELLE RAISON CARTHAGE A REFUSÉ DE LIVRER SON GÉNÉRAL ET S'EST RISQUÉE À SE LANCER DANS UNE MANŒUVRE A PRIORI DÉSESPÉRÉE !
DÈS LE DÉBUT, NOUS AVONS FAIT FAUSSE ROUTE ! LA GUERRE QUI SE PRÉPARE...
NE NOUS OPPOSERA PAS À DES MERCENAIRES MENÉS PAR UN INCONSCIENT REVANCHARD ...
TAP

LANCER CONTRE ROME UNE ARMÉE RÉUNISSANT LES GAULOIS ET CARTHAGE...

C'EST ÇA, LE VÉRITABLE PROJET D'HANNIBAL !
DOOOOOM
ド
ドド
ドド
ドド

BLA
BLA
TU AS ENTENDU ÇA ?
CE N'EST PAS TRÈS RASSURANT ...
POURQUOI LES BOÏENS NE NOUS ONT-ILS PAS MIS DANS LA CONFIDENCE ?
ILS CRAIGNAIENT SANS DOUTE QUE L'INFORMATION SOIT ÉVENTÉE AVANT QU'ILS ATTEIGNENT LES ALPES...
LES GAULOIS SONT DE LOIN PLUS MASSIFS ET PLUS PUISSANTS QUE LES ROMAINS...
MAIS JUSQU'À PRÉSENT, AUCUN CHEF N'AVAIT ÉTÉ CAPABLE DE CONTENIR LEUR ARDEUR ET DE LES FÉDÉRER !
SI UN HOMME COMME HANNIBAL...
ASSEZ PERSUASIF POUR CONVAINCRE DES MERCENAIRES DE TRAVERSER LES ALPES AU PÉRIL DE LEUR VIE ALORS QUE SEUL L'ARGENT LES LIE À CARTHAGE...
ET ASSEZ INTELLIGENT POUR BERNER LES MEILLEURS STRATÈGES ROMAINS, PARVIENT À ENTRAÎNER BOÏENS ET AUTRES GAULOIS À SA SUITE...

ROME VA DEVOIR FAIRE FACE À UN ADVERSAIRE AUSSI RUSÉ ET PUISSANT QU'ELLE...
SANS DOUTE L'ENNEMI LE PLUS DANGE-REUX DE NOTRE HISTOIRE !
L'ARMÉE D'HANNIBAL A TROIS JOURS D'AVANCE SUR NOUS... NOUS NE LA RATTRAPE-RONS PLUS !
IL FAUT RE-TOURNER À ROME ET FRAPPER AVANT QU'IL NE PUISSE RALLIER LES PEU-PLES CELTES À SA CAUSE !

TOUT CONCORDE... TU CROIS VRAIMENT QU'IL Y A MATIÈRE À HÉSITER ?
EST-CE BIEN RAISONNABLE DE PRENDRE UNE TELLE DÉCISION SANS EN RÉFÉRER À ROME ?!
MON FRÈRE, JE TE CONFIE MES HOMMES... VOUS ALLEZ MARCHER VERS L'HISPANIE COMME PRÉVU ET DÉTRUIRE LES BASES CARTHAGINOISES QUI S'Y TROUVENT !
ET TOI, QUE VAS-TU FAIRE ?
AVEC MON FILS ET QUELQUES SOLDATS D'ÉLITE, NOUS ALLONS REJOINDRE GÊNES, ET NOUS NOUS ALLIERONS AUX TROUPES QUI ONT ÉTOUFFÉ LA RÉVOLTE POUR ATTAQUER HANNIBAL À LA SORTIE DES ALPES !
NOUS N'AVONS PLUS DE TEMPS À PERDRE ICI !
VSHH
SOLDATS, PRÉPAREZ-VOUS À PARTIR !!

TU NE CESSES DE M'ÉTONNER...
MAIS SACHE QUE MOI, J'AI TOUJOURS CRU EN TON POTENTIEL !
C'EST ÇA, CAUSE TOUJOURS ...
POURQUOI TU NE M'AS RIEN DIT ?
À QUEL PROPOS ?
TON FILS... JE L'AI TOUJOURS PRIS POUR UN ENFANT GÂTÉ QUI SE REPOSAIT SUR LE PRESTIGE DE LA FAMILLE POUR SE LAISSER VIVRE...
MAIS APRÈS CE QUE JE VIENS D'ENTENDRE, JE ME PRENDS À LE RÊVER EN STRATÈGE ET EN MENEUR D'HOMMES DIGNE DE LAISSER SON NOM DANS L'HISTOIRE !
TU VAS UN PEU VITE EN BESOGNE !
MAIS JE DOIS AVOUER QU'IL M'A SURPRIS, MOI AUSSI...
JE ME DEMANDE OÙ ET QUAND IL A ACQUIS DE TELS TALENTS !
IL A TOUJOURS AFFICHÉ DE L'INSOLENCE, PRESQUE DU MÉPRIS POUR LES ESPOIRS QUE NOUS FONDIONS SUR LUI...
MAIS PEUT-ÊTRE N'ÉTAIT-CE LÀ QU'UN ARTIFICE DESTINÉ À NOUS CACHER L'ÉTENDUE DE SON GÉNIE !

HANNIBAL...
EST LE PREMIER ENNEMI SUR CETTE TERRE À M'AVOIR JAMAIS FAIT RESSENTIR LA PEUR !
QUI AURAIT CRU QUE LÀ, TOUT PRÈS DE MOI, SE TROUVAIT UN HOMME...
CAPABLE DE VOIR CLAIR DANS SES PENSÉES ?!
C'EST UNE SENSATION ÉTRANGE...
MAIS PAS DÉSAGRÉABLE...
QUE DE RESSENTIR DE LA JALOUSIE ENVERS SON PROPRE FILS !

NOVEMBRE 218 AV. J.-C.
CAMP ROMAIN, QUELQUE PART À L'OUEST DE PLAISANCE.
PLAISANCE
ROME
ON EN A DÉNOMBRÉ 10 000, DES BOÏENS ET DES INSU-BRES...
CE SONT LÀ TOUS LES GAULOIS QUE HANNIBAL A SU CONVAINCRE DURANT LE MOIS SUIVANT SA SORTIE DES ALPES !

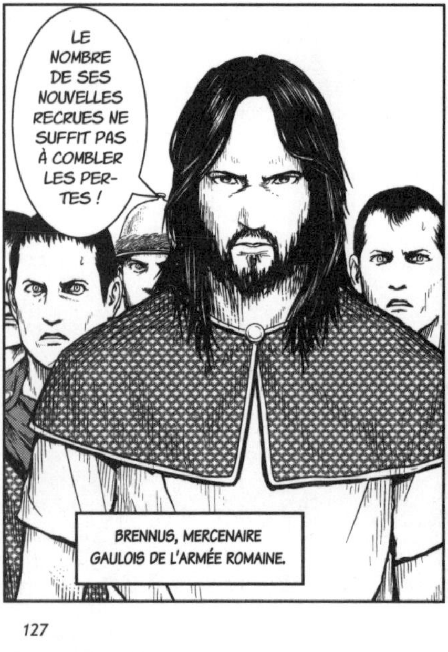
LE NOMBRE DE SES NOUVELLES RECRUES NE SUFFIT PAS À COMBLER LES PER-TES !
BRENNUS, MERCENAIRE GAULOIS DE L'ARMÉE ROMAINE.

C'EST PLUTÔT UNE BONNE NOUVELLE POUR VOUS, ROMAIN !
D'APRÈS MES SOURCES, PRÈS DE 20 000 DE SES SOLDATS AURAIENT SUCCOM-BÉ DANS LES HAUTEURS...

SI CET HOMME DIT VRAI, HANNIBAL A FAIT UN MAUVAIS CALCUL, AU FINAL...
MÊME POUR UN STRATÈGE DE GÉNIE COMME LUI, LIRE LE CŒUR DES GAULOIS DEPUIS LA LOINTAINE HISPANIE AURA ÉTÉ UN PARI IMPOSSIBLE À RELEVER !
JE NE M'ATTEN-DAIS PAS À UN TEL RE-TOURNEMENT DE SITUA-TION...
LES DIEUX NOUS SE-RAIENT-ILS À NOUVEAU FAVORA-BLES ?
FSHHH
EN TOUT CAS, L'HYPO-THÈSE D'UN FRONT COMMUN AVEC LES GAU-LOIS S'EFFON-DRE...
LES CARTHAGI-NOIS SONT 30 000, 40 000 AU MIEUX... NOUS LES SURPAS-SONS TOUJOURS EN NOMBRE. AUCUN GÉNÉ-RAL, AUSSI TALENTUEUX SOIT-IL, NE POURRAIT VAINCRE DANS CES CONDITIONS !

ROME...
VIENT DE GAGNER CETTE GUERRE !
Épisode 4 Remous

HANNIBAL N'A PAS SU SAISIR LEUR LOGIQUE !
IL PARLE SÉRIEUSEMENT ?
LA VICTOIRE EST ASSURÉE ?
LES PEUPLES GAULOIS SONT FIERS...
MAIS LA BLESSURE QUE LEUR A INFLIGÉE ROME LORS DES DERNIERS AFFRONTEMENTS EST PLUS PROFONDE QU'IL N'Y PARAÎT...
ENTRE HONNEUR ET SURVIE, ILS ONT FAIT LEUR CHOIX !
L'HONNEUR...
NE TE MÉPRENDS PAS, BRENNUS...
JE NE DIS PAS ÇA POUR VOUS INSULTER, TOI ET LES TIENS !

LA FIERTÉ N'A JAMAIS NOURRI PERSONNE...
COMBIEN DE PEUPLES SONT MORTS POUR AVOIR TROP VOULU S'ACCROCHER À LEURS VALEURS ?
QUICONQUE DÉSIRE VIVRE AURAIT CHOISI LA MÊME VOIE QUE VOUS !
JE SUIS BIEN PLACÉ POUR SAVOIR QUE LA PUISSANCE DE ROME SURPASSE CELLE DES MIENS...
MAIS PARMI MES SEMBLABLES, NOMBREUX SONT CEUX À QUI LEUR FIERTÉ INTERDIT DE S'ABAISSER À SERVIR D'ANCIENS ENNEMIS, AUSSI PUISSANTS SOIENT-ILS...
CEUX-LÀ SONT PRIS AU PIÈGE ENTRE LEURS CONVICTIONS ET LA RÉALITÉ !
J'EN AI FAIT LA DURE EXPÉRIENCE LORS DE LA DERNIÈRE GUERRE... C'EST POURQUOI J'AI DÉCIDÉ DE M'ALLIER À VOUS !

TAP
DANS CE CAS, IL FAUT PROFITER DE L'OCCASION POUR PROUVER UNE BONNE FOIS POUR TOUTES AUX GAULOIS QUI HÉSITERAIENT À REJOINDRE HANNIBAL...
LE CARACTÈRE INCONTESTABLE DE LA PUISSANCE DE ROME !
DEMAIN, DÈS L'AUBE, NOUS PARTIRONS EN RECONNAISSANCE !
QU'UN BATAILLON DE 4 000 HOMMES, CAVALIERS ET LANCIERS, SE TIENNE PRÊT POUR CETTE MISSION !
VSH
MOI, SCIPION, CONSUL DE ROME, J'EN PRENDRAI PERSONNELLEMENT LE COMMANDEMENT !
À VOS ORDRES !
TRANSMETTEZ LE MESSAGE À VOS SUBORDONNÉS !

FINALEMENT, LES CHOSES NE SONT PAS SI MAL ENGAGÉES QUE ÇA !
ON S'INQUIÉTAIT POUR RIEN...
...
QUELQUE CHOSE NE VA PAS ?
...
SE POURRAIT-IL...
QU'IL NOUS CACHE DES INFORMATIONS ?

TU FERAIS MIEUX DE DORMIR, BRENNUS ...
ON SE LÈVE AUX AURORES, DEMAIN !
IL FAUT QUE JE VOUS PARLE...
COMMENT ÇA ?
...
J'AI PEUR QUE NOUS AYONS MISÉ SUR LE MAU-VAIS CHEVAL ...
HEIN ?!
JE NE PENSE PAS QUE LES CAR-THAGINOIS NE RECRUTERONT QUE 10 000 DES NÔTRES ...

HANNIBAL BARCA A TOUT D'UN GÉNÉRAL D'EXCEPTION ...
D'AUTRES VONT FORCÉMENT S'EN RENDRE COMPTE ET LE REJOINDRE !
BIEN ENTENDU, ROME LUI RESTE LARGEMENT SUPÉRIEURE EN TERMES DE FORCE DE FRAPPE !
J'EN SUIS PARFAITEMENT CONSCIENT ...
ET JE SAIS QUE C'EST STUPIDE ...
MAIS J'AI EU LA VISION D'HANNIBAL TERRASSANT LE GÉANT ROMAIN !

HIER, ALORS QUE JE ME DISSIMULAIS AUX ABORDS D'UN VILLAGE À LA RECHERCHE D'INFORMATIONS, L'ARMÉE CARTHAGINOISE EST ARRIVÉE POUR DEMANDER À SES HABITANTS DE LA REJOINDRE...
TOUTE LA RÉGION SAIT DÉSORMAIS QUE LE RAPPORT DE FORCE N'EST PAS EN FAVEUR DES CARTHAGINOIS, AUSSI LES VILLAGEOIS NE SE SONT-ILS PAS MONTRÉS TRÈS AVENANTS !
LES HOMMES D'HANNIBAL SEMBLAIENT SI ABATTUS QU'ILS FAISAIENT PEINE À VOIR...

NOUS ESPÉRIONS QUE VOUS NOUS DONNERIEZ UNE OCCASION DE CHASSER CES ROMAINS QUE NOUS HAÏSSONS TANT...
TOUS ICI IMAGINAIENT DÉJÀ LA TERRIBLE ARMÉE DE CARTHAGE, ASSOIFFÉE DE VENGEANCE, RÉPANDRE LA TERREUR AUTOUR D'ELLE...
ET QU'EST-CE QUI NOUS ARRIVE ?
UNE BANDE DE MERCENAIRES QUI, DEVANT MASSILIA, ONT ÉTÉ MIS EN DÉROUTE PAR UNE POIGNÉE DE NOBLES À CHEVAL...
ET QUI PLUS EST BIEN INFÉRIEURS EN NOMBRE !
DITES-MOI...
COMBIEN D'ENTRE VOUS SONT MORTS DANS LES ALPES, HEIN ?
COMBIEN DE PERTES Y A-T-IL EU, ENTRE LE FROID MORDANT DE L'HIVER ET LES ASSAUTS DE PEUPLADES DONT VOUS NE COMPRENIEZ MÊME PAS LE LANGAGE ?
JE SAIS À QUEL POINT LE VOYAGE EST RUDE, À TRAVERS CES MONTAGNES ...
MAIS CE N'EST RIEN COMPARÉ À CE QU'IL VOUS RESTE À FAIRE POUR TERRASSER ROME !

VOUS CROYEZ VRAIMENT QU'UNE TROUPE QUI A DÉJÀ PERDU TANT DE SOLDATS...
A LA MOINDRE CHANCE DE VAINCRE LA GLORIEUSE ROME ?
LES MOTS DE L'ANCIEN DU VILLAGE RÉSONNAIENT TRISTEMENT AUX OREILLES DES SURVIVANTS...
SANS DOUTE BEAUCOUP PENSAIENT-ILS SECRÈTEMENT COMME LUI !
À CET INSTANT, LA VOIX D'UN HOMME EST VENUE BRISER LE SILENCE...

CELLE D'HANNIBAL !
GAULOIS... J'AI QUELQUE CHOSE À VOUS MONTRER !
MAGON, AMÈNE LES PRISONNIERS GAULOIS...
CEUX QUE NOUS AVONS CAPTURÉS DANS LES ESCARPEMENTS !
TRÈS BIEN...
?!
LES VOICI...

CHERCHERAIS-TU À NOUS INTIMIDER ?
PRISONNIERS, VOUS ALLEZ COMBATTRE ENTRE VOUS !
JE M'ENGAGE À ACCORDER AU VAINQUEUR CE QUE VOUS TOUS ICI DÉSIREZ LE PLUS AU MONDE !
IL SERA DÉLIVRÉ DE SES LIENS ...
JE LUI OFFRE LA LIBERTÉ !
QUE LES VOLONTAIRES FASSENT UN PAS VERS MOI...

QUEL ENTHOUSIASME !
BON... VA POUR TOI... ET TOI !
ON EN A ASSEZ D'ÊTRE TRAITÉS COMME DES CHIENS !
MOI, JE ME BATS !
MOI D'ABORD !
À QUOI RIME CETTE MISE EN SCÈNE ?
LAISSE-NOUS NOUS BATTRE !
VSHH
QUEL HOMME ÉTRANGE... QU'EST-CE QU'IL CHERCHE À PROUVER ?
IL N'Y A QUE DEUX ISSUES À CE DUEL : LA LIBERTÉ OU LA MORT ! TÂCHEZ DE NE PAS AVOIR DE REGRETS ...
EN GARDE !

QUE LE COMBAT COMMENCE !
FRSH
TAP

FSH
ジリ...
VSHH
OOOH!
YAAAH !!

ULANG
ULANG
TU PERDS TON TEMPS…
JE N'AI QUE FAIRE DE CE SPECTACLE INSIPIDE !
PEUT-ÊTRE APPARAÎT-IL AINSI À TES YEUX FATIGUÉS, L'ANCIEN…
MAIS REGARDE MES GUERRIERS !
VAS-Y, TUE-LE !
ALLEZ !
ALLEZ !
À PEINE LA LUTTE ENGAGÉE, LES VOILÀ BOUILLONNANTS…
COMME S'ILS CHERCHAIENT À ÉVACUER TOUTE LA FRUSTRATION ACCUMULÉE EN EUX !
BATTEZ-VOUS !
À MORT !
OUAIS !
ET ALORS ? QUEL EST LE RAPPORT AVEC NOUS ?
OBSERVE TES HOMMES ET TU COMPRENDRAS…
VAS-Y !
OUI, JOLI COUP !

CES GAULOIS DES MONTAGNES ONT FAIT LE MAUVAIS CHOIX ! UNE ERREUR DE JUGEMENT LES A CONDUITS À LEUR PERTE...
ET À PRÉSENT, LES VOILÀ LANCÉS À CORPS PERDU DANS UN COMBAT À MORT... SEULE LEUR FORCE PEUT LES SAUVER DE LA MORT ET DE LA DÉCHÉANCE !
CE N'EST QUE PRIVÉS DE LEUR LIBERTÉ QU'ILS SE SONT ENFIN RENDU COMPTE ...
QU'UNE VIE SANS FIERTÉ NE VALAIT PAS LA PEINE D'ÊTRE VÉCUE !
HA !!
SHHH
JE VOIS...

TCHAC
!
PLAF
ドサッ
ボッ
PLOF

BRAVO !
VICTOIRE !!!
HOURRA !
VIVE LE VAINQUEUR !

HOU...
BANDE D'IMBÉCILES !!
J'OSE ESPÉRER QUE VOUS AVEZ PLUS DE RESPECT...
POUR LES ESPRITS DE NOS AMIS MORTS DANS LES ALPES !
TOMBÉS SOUS LES LANCES ET LES GLAIVES DES LÉGIONS ROMAINES !
OU POUR LES ÂMES DE VOS FRÈRES GAULOIS...
VOUS CHANTEZ LE VAINQUEUR, MAIS VOUS NE CROYEZ PAS QUE L'ESPRIT DU VAINCU EST TOUT AUSSI DIGNE DE LOUANGES ?!

NE PENSEZ-VOUS PAS QU'UN GUERRIER DIGNE DE CE NOM...
SE DOIT DE MONTRER SON ESTIME LORSQU'UN DE SES PAIRS MEURT POUR DÉFENDRE SA FIERTÉ ?
JE N'AI PAS L'HABITUDE DE VOIR MON FRÈRE AUSSI LOQUACE...
SILENOS, TU CROIS QUE...
CHUT ! LAISSONS-LE FAIRE ...
POURQUOI CES INSULTES ?! NOUS N'AVONS FAIT QUE FÉLICITER LE GAGNANT !
VOUS EN ÊTES BIEN SÛRS ?
INCONSCIEMMENT, CE NE SERAIT PAS PLUTÔT UNE EXCUSE POUR DÉTOURNER VOS YEUX DE LA PEUR QUE VOUS INSPIRE LA MORT ?
PROUVEZ-MOI QUE JE ME TROMPE... FIXEZ CETTE TÊTE TOMBÉE AU SOL !

CE DUEL ÉTAIT PLUS QU'UN SIMPLE SPECTACLE ...
C'ÉTAIT LE REFLET DE CHACUN DE NOUS...
DE LA POSITION DANS LAQUELLE NOUS SOMMES ENFERMÉS !
CARTHAGE ET LES GAULES ONT UN ENNEMI COMMUN...
UNE ARMÉE GRANDE COMME UNE NATION... ROME !
SES HOMMES ONT BEAU SE TARGUER DE CIVILISER LES PEUPLES, CE NE SONT EN RÉALITÉ QUE DES SAUVAGES AVIDES DE CONQUÊTES !
LE JOUR OÙ ILS MONTRERONT LES CROCS POUR DÉVORER CE QUI RESTE DE NOTRE MONDE EST PROCHE...
AUJOURD'HUI, TROIS VOIES S'OFFRENT À NOUS...
COMBATTRE EN BRAVES, ET ARRACHER LA VICTOIRE...
RÉSISTER, ET MOURIR EN EMPORTANT NOTRE FIERTÉ...
OU FUIR, ET ACCEPTER DE VIVRE PRISONNIERS POUR LE RESTANT DE NOS JOURS !

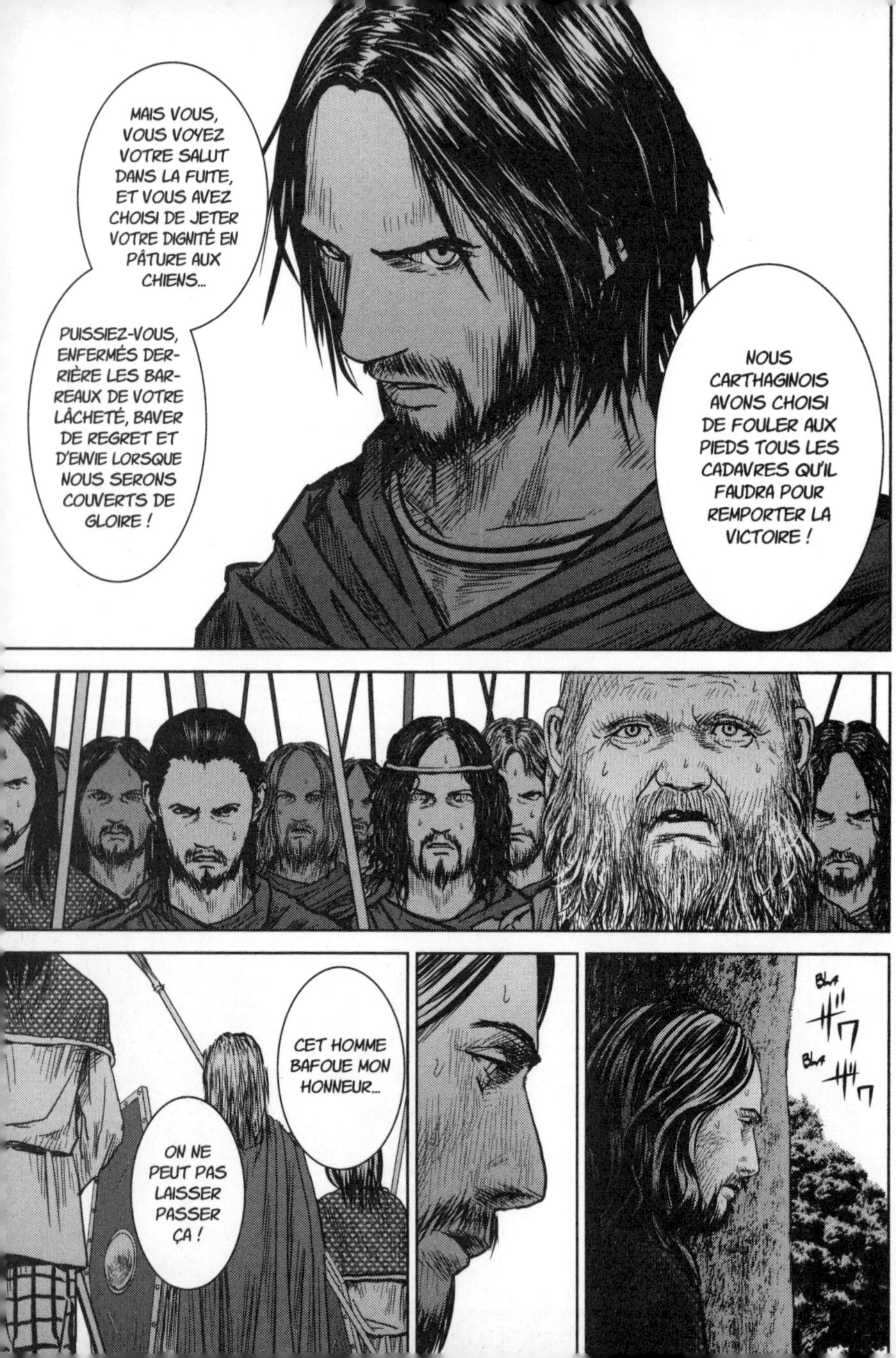
MAIS VOUS, VOUS VOYEZ VOTRE SALUT DANS LA FUITE, ET VOUS AVEZ CHOISI DE JETER VOTRE DIGNITÉ EN PÂTURE AUX CHIENS...
PUISSIEZ-VOUS, ENFERMÉS DERRIÈRE LES BARREAUX DE VOTRE LÂCHETÉ, BAVER DE REGRET ET D'ENVIE LORSQUE NOUS SERONS COUVERTS DE GLOIRE !
NOUS CARTHAGINOIS AVONS CHOISI DE FOULER AUX PIEDS TOUS LES CADAVRES QU'IL FAUDRA POUR REMPORTER LA VICTOIRE !
CET HOMME BAFOUE MON HONNEUR...
ON NE PEUT PAS LAISSER PASSER ÇA !
BLA
BLA

PAS POUR TOI, MAIS POUR L'HONNEUR DES MIENS !
EH BIEN QU'IL EN SOIT AINSI... JE ME BATTRAI !
QUOI ?!
ON VA LES MASSACRER !
ILS VONT VOIR, CES ROMAINS !
HOURRA !
OUAIS, POUR L'HONNEUR DES GUERRIERS GAULOIS !
ATTENDEZ ! NE VOUS EMPORTEZ PAS !!

?!
ALORS ÇA SIGNIFIE QU'ILS ACCEPTENT NOTRE PROPOSITION D'ALLIANCE ?
HOURRA !
TU SAIS, MAGON, À L'ÂGE DE NEUF ANS ...
HANNIBAL A REÇU DU CIEL LE POUVOIR...
DE JOUER À SA GUISE AVEC LE CŒUR DES HOMMES !
C'EST UNE SORTE DE SORCIER CAPABLE DE COMMANDER AUX ÂMES...
PAR SES MOTS, IL A MANIPULÉ ET ATTIRÉ À LUI LES JEUNES GENS DE CE HAMEAU...
AUSSI FACILEMENT QU'UN PÈRE QUI PREND SON ENFANT PAR LA MAIN !
MAIS LE CHEF DU VILLAGE SE DEVAIT DE PROTÉGER SES HOMMES...
IL A TENTÉ PAR TOUS LES MOYENS DE LES CALMER, DE LES RAISONNER ...
ET DE LES CONVAINCRE QUE PERSONNE NE SAVAIT QUEL CHEF HANNIBAL SE RÉVÈLERAIT ÊTRE SUR LE TERRAIN !
ALORS LE CARTHAGINOIS S'EST TOURNÉ VERS LUI, ET IL A PRONONCÉ CES MOTS ...

ON RACONTE QUE VOUS AUTRES GAULOIS AVEZ POUR COUTUME D'OFFRIR LA TÊTE DES VAINCUS À VOS DIEUX...
EXACT ! ET ALORS ?
JE N'AIME PAS MANQUER DE RESPECT AUX MORTS...
J'Y VOIS UNE MARQUE DE BARBARIE !
MAIS SI TU LE DÉSIRES...
POUR SCELLER NOTRE ALLIANCE...
JE TE PROMETS UNE TÊTE...
CELLE DU CONSUL ENVOYÉ SUR CES TERRES !

Épisode 5 La rencontre

RIVE DROITE DU TESSIN, AU SUD-OUEST DE L'ACTUELLE MILAN.
CELA DEVRAIT SUFFIRE À DISSUADER LES PEUPLES QUI HÉSITAIENT ENCORE À REJOINDRE HANNIBAL !
GRÂCE À EUX, LA NOUVELLE DE NOTRE PRÉSENCE VA SE RÉPANDRE COMME UNE TRAÎNÉE DE POUDRE...
ON DIRAIT QUE LES GAULOIS SE SONT RASSEMBLÉS POUR REGARDER PASSER NOTRE BATAILLON...

C'EST LE CHEF DU VILLAGE DE LA DERNIÈRE FOIS !
JE LE RECONNAIS...
QUELQUE CHOSE NE TOURNE PAS ROND...

TU SAIS, BRENNUS ...
PERSONNEL-LEMENT, JE N'AI AUCUNE ENVIE DE FAIRE LA GUERRE...
LA GLOIRE DE ROME, L'IMPACT SUR MON ÉVEN-TUELLE CAR-RIÈRE... TOUT ÇA NE ME FAIT NI CHAUD NI FROID !
LA SEULE CHOSE QUI M'IMPORTE EN RÉALITÉ, C'EST DE VIVRE LIBRE ET DE M'AMUSER COMME BON ME SEMBLE...
MAIS SANS ROME, MÊME DES DÉSIRS AUSSI SIMPLES DE-VIENDRAIENT IRRÉALISA-BLES !
POUR-QUOI TU ME RACONTES TOUT ÇA ?
EN FIN DE COMPTE, MA DÉMARCHE EST ÉGOÏSTE ! JE ME BATS POUR MON PROPRE IN-TÉRÊT...
ET PUIS, UN PEU PAR OBLIGATION AUSSI !
OH, JE ME DISAIS SIMPLE-MENT...
QUE MA POSITION N'ÉTAIT PAS DIFFÉRENTE DE CELLE DE VOUS AU-TRES GAU-LOIS !

IL FAUT UNE BONNE DOSE DE DÉTERMINATION POUR S'ENGAGER DANS UNE BATAILLE QU'ON N'A PAS CHOISIE...
SINON, LE PIRE EST VITE ARRIVÉ !
ET LA DÉTERMINATION PASSE PAR LA LOYAUTÉ ...
ALORS JE TE LE DEMANDE, AU NOM DE CETTE DERNIÈRE : QU'EST-CE QUE TU NOUS CACHES ?
CE GARÇON A UN INSTINCT REDOUTABLE !

PUISQUE TU AS L'AIR D'Y TENIR, JE VAIS TE CONFIER CE QUE JE PENSE...
ET QUE J'AI PRÉFÉRÉ GARDER POUR MOI JUSQU'ICI !
À TROP SOUS-ESTIMER HANNIBAL...
NOUS POURRIONS BIEN NE PAS AVOIR DE LENDEMAIN !
QU'EST-CE QUE TU VEUX DIRE PAR LÀ ?
RIEN DE PLUS QUE CE QUE TU AS DÉJÀ COMPRIS ...
MON COMMANDANT ! À DROITE, UN NUAGE DE POUSSIÈRE !!
COMMENT ?!
?!

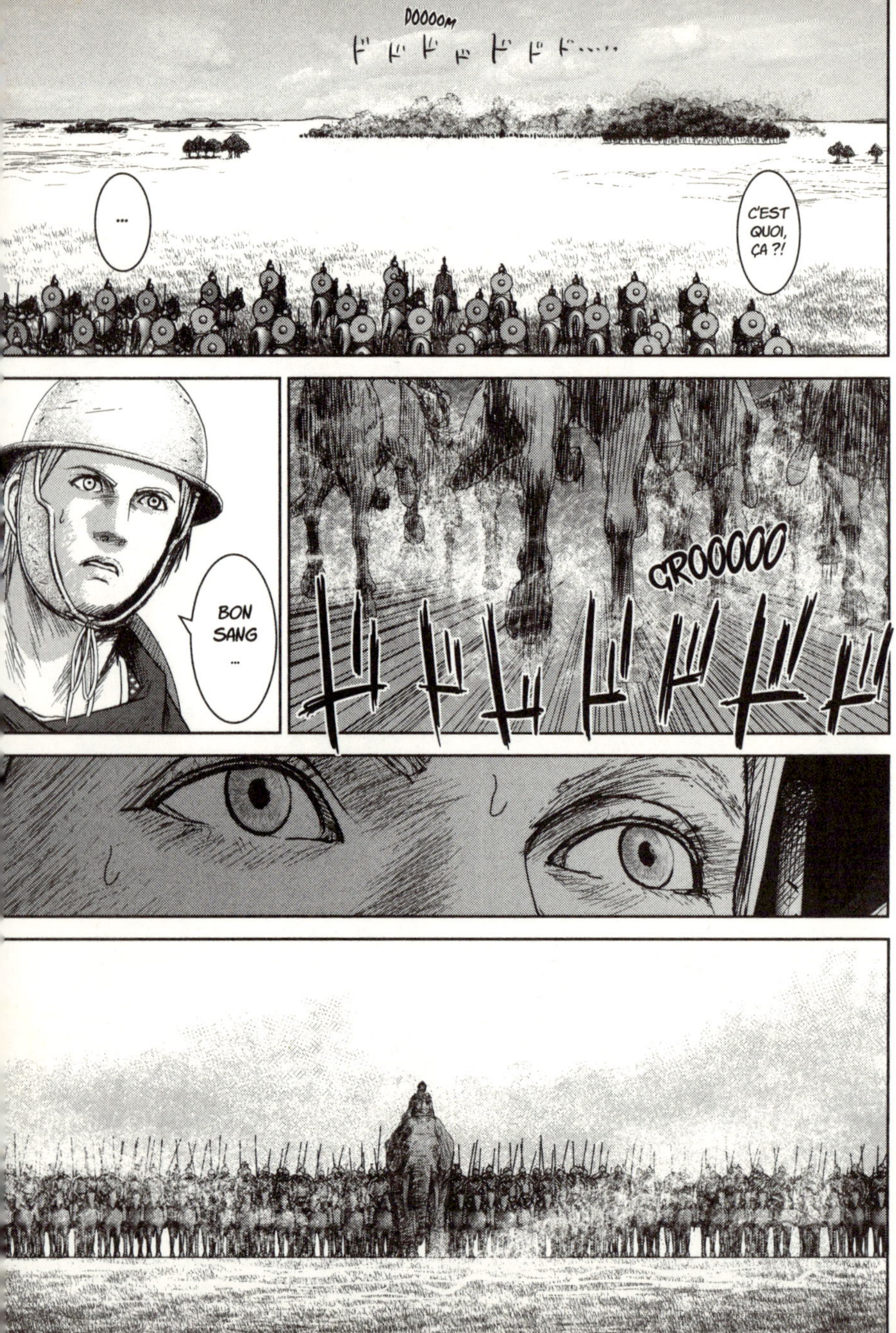
DOOOOM
ドドドドドドド……
C'EST QUOI, ÇA ?!
...
BON SANG ...
GROOOOO
ドドドドドドドド

LES TROUPES
D'HANNIBAL ?!

CET HOMME, AU CEN-TRE...
...
REGARDE BIEN...
HANNIBAL BARCA !
C'EST LUI...
QUOI ?!

ALORS LE VOILÀ...
FANTASSINS LÉGERS ET CAVALIERS GAULOIS, À L'AVANT-GARDE !
FORMEZ LES RANGS ET TENEZ-VOUS PRÊTS AU COMBAT !
FORCE EST DE CONSTATER QUE L'ENFANT A BIEN GRANDI...

AVAN-CEZ ! PLUS VITE !!
C'EST DE LA FOLIE ! ILS SONT AU MOINS 6 000...
ET NOUS, À PEINE 4 000 !
JE N'AI AUCUNE ENVIE DE ME RETROUVER EN PREMIÈRE LIGNE...
UN PEU DE COURAGE, CAIUS... DE TA BRAVOURE ICI DÉPEND TA CARRIÈRE !
EFFECTIVEMENT, LES CHOSES SE PRÉSENTENT PLUTÔT MAL...
FACILE À DIRE, POUR UN PATRICIEN BIEN AU CHAUD AU DERNIER RANG !
L'ISSUE DE CETTE BATAILLE...
VA CONDITIONNER LE CHOIX DES GAULOIS QUI HÉSITENT EN-CORE ENTRE LES DEUX CAMPS !
L'ENJEU EST CAPITAL... ET NOUS SOMMES EN INFÉRIO-RITÉ NUMÉRIQUE FACE À UN GÉNÉRAL IMPRÉVI-SIBLE DONT PERSONNE NE CONNAIT LA VALEUR AU COMBAT !

PÈRE !
JE SAIS CE QUE TU VAS DIRE...
MAIS NOUS NE POUVONS PAS BATTRE EN RETRAITE !
CETTE SORTIE DEVAIT FAIRE OFFICE DE DÉMONSTRATION DE FORCE... HÉLAS, LE SORT EST CONTRE NOUS !
SI NOUS TOURNONS LES TALONS MAINTENANT, ROME PASSERA POUR LÂCHE ET FAIBLE...
ET C'EST TOUTE LA GAULE QUI SE RALLIERA À HANNIBAL POUR ALLER GROSSIR LES RANGS DE SON ARMÉE !
NE T'INQUIÈTE PAS TROP, MÊME SI NOUS SOMMES EN SOUS-NOMBRE...
IL NOUS RESTE UN ATOUT !
RAPPELLE-TOI L'ESCARMOUCHE DANS LES BOIS PRÈS DE MASSILIA...
NOS ÉCLAIREURS N'ÉTAIENT QU'UNE POIGNÉE, MAIS ILS ONT MATÉ LEURS ASSAILLANTS SANS GRANDE DIFFICULTÉ...
MÊME LES CAVALIERS NUMIDES RÉPUTÉS SI FÉROCES !

ARMÉE D'HANNIBAL
CAVALIERS NUMIDES
CAVALIERS IBÈRES
CAVALIERS NUMIDES
PREMIÈRE LIGNE : FANTASSINS LANCIERS
DEUXIÈME LIGNE : CAVALIERS GAULOIS
TROISIÈME LIGNE : CAVALIERS ROMAINS
ARMÉE ROMAINE
CE SONT CES MÊMES NUMIDES QU'ON APERÇOIT SUR LES FLANCS, CEUX QUI MONTENT À CRU !
AU CENTRE, CE SONT PROBABLEMENT DES CAVALIERS IBÈRES...
MAIS IL NE S'AGIT QUE DE MENU FRETIN, TOUT JUSTE BON À FONCER DROIT DEVANT SANS RÉFLÉCHIR !
ENFIN... DU MOINS, NOS SOLDATS...
NON CONTENTS DE NE PAS SAVOIR SE BATTRE, TOUS CES HOMMES SONT ENCORE ÉPUISÉS PAR LA TRAVERSÉE DES ALPES...
BREF, NOTRE ARMÉE RESTE LARGEMENT SUPÉRIEURE À LA LEUR !
POOOO

プオォオォオォォ
POOOOOOO
ォォオォオォオ……
IL A CHANGÉ DE MONTURE...
ILS ARRIVENT !
PRÉPAREZ-VOUS !

CHARGEZ !!!
GROOOO
CATACLOP
CATACLOP
EN AVANT, MES BRAVES ! TOUS AVEC MOI !!
CATACLOP
QUOI ?!

LE GÉNÉRAL À LA POINTE DE L'ATTAQUE ?! VOILÀ BIEN UNE STRATÉGIE D'UN AUTRE ÂGE...
EST-CE VRAIMENT LÀ L'HOMME QUI A SU DÉFIER LES ALPES ?!
SI UNE LANCE VENAIT À L'ABATTRE, TOUT SERAIT FINI EN UN INSTANT !
PEUT-ÊTRE QU'IL CHERCHE À REDONNER DE L'ARDEUR À SES COMBATTANTS DÉJÀ ÉPROUVÉS PAR TOUT LEUR PÉRIPLE...
MAIS LE RISQUE NE SEMBLE PAS PROPORTIONNEL AU BÉNÉFICE QU'IL POURRAIT EN TIRER !
OU PEUT-ÊTRE QU'IL N'A PAS VRAIMENT CONFIANCE EN CEUX QUI LE SUIVENT...
ドドドドドドドドド
KI!!!!!
GLOUPS
CATACLOP
LE GÉNÉRAL ENNEMI S'OFFRE DE LUI-MÊME À NOS TRAITS !
LANCIERS, VISEZ JUSTE ! IL EST À LA PORTÉE DE VOS JAVELOTS !!

GROOOO
IMPRES-SIONNANT !
AH...
AAAAAH !!

CRÈVE, POURRITURE !
YAAAAH !
C'EST TROP TÔT !
ATTENDEZ MON SIGNAL !

CATACLOP
ドドドドド
CATACLOP
CATACLOP
ドドドドドド
CLANG
FUIT
OUAAAH !
HIIII !
AU SECOURS !
CLANG
AAAAAH !!

ILS VONT NOUS MASSACRER !!
ARGH !
CAIUS, REVIENS !
SI TU T'ENFUIS, C'EN EST FINI DE TA CARRIÈRE !
HIII !
CROIS-MOI, ENTRE LA VIE ET LES LAURIERS, MON CHOIX EST VITE FAIT !
TAC
ARGH ...
PLAF
REGARDEZ OÙ VOUS MARCHEZ, IMBÉCILES !
TAP
TAP
TAP
TAP
IL Y A UN HOMME À TERRE !
GH...
DEUXIÈME LIGNE, À L'ATTAQUE !
NOS FANTASSINS SE SONT RIDICULISÉS... CES NOUVELLES RECRUES NE SONT BONNES À RIEN !
VISEZ LEUR GÉNÉRAL ! VISEZ HANNIBAL !
DOOOOOM
S'IL TOMBE ICI, CETTE GUERRE SERA GAGNÉE !

YAAAH !!!
LE TALENT DE NOS GUERRIERS GAULOIS AU CORPS À CORPS POURRAIT BIEN FAIRE LA DIFFÉRENCE !
MAIS CE NE SERA PEUT-ÊTRE PAS NÉCESSAIRE ! LA BATAILLE POURRAIT TOURNER COURT...
IL EST ENCORE TROP TÔT ! LE MOMENT VENU, VOUS IREZ RELEVER LA CAVALERIE GAULOISE...
PÈRE... QUAND COMPTES-TU NOUS ENVOYER AU COMBAT ?
EN EFFET... MIEUX VAUT LUTTER À LEURS CÔTÉS QUE CONTRE EUX !
TCHAC

MÊME AVEC HANNIBAL À LEUR TÊTE POUR LES TIRER VERS LE HAUT, LES IBÈRES NE SOUTIENNENT PAS LA COMPARAISON !
L'INTERVENTION DES GAULOIS SUR LE CHAMP DE BATAILLE A COMME COUPÉ L'ÉLAN DE L'ENNEMI...
CONVERGEZ VERS LE CENTRE ! C'EST HANNIBAL QUE NOUS VOULONS !!
LAISSEZ-LES S'ENFUIR !
MAIS LE PLUS DUR RESTE À FAIRE...
FACILE À DIRE QUAND ON EST À L'ABRI DERRIÈRE SA GARDE...
ALLONS, DU NERF !

MAIS CE N'EST PAS LE GENRE D'ADVERSAIRE DONT ON SE DÉBARRASSE AISÉMENT !
AUCUN NE PARVIENT À L'INQUIÉTER !
POURQUOI ? CHACUN DES GAULOIS QUI L'APPROCHENT EST EN THÉORIE ASSEZ FORT POUR LE VAINCRE, ET POURTANT...
RENDEZ-VOUS À L'ÉVIDENCE ...
HAN
HAN
HAN
HAN

AUCUN DE VOUS, GAULOIS ...
NE POURRA JAMAIS M'ABAT-TRE !
ET AU FOND DE VOUS-MÊMES, VOUS SAVEZ TOUS POUR-QUOI...
JE SUIS VOTRE DERNIER ESPOIR ...
DE VOIR UN JOUR ROME S'EFFONDRER !

ÉCOUTEZ-MOI, GAULOIS !
CETTE LUEUR D'ESPOIR ROUGE SANG QUE VOUS ATTENDIEZ TANT...
Épisode 6 Stratégie
JE LA TIENS LÀ, ENTRE MES MAINS !

IL EST EN TRAIN DE LES AMADOUER...
S'IL S'EST MIS EN PREMIÈRE LIGNE, C'ÉTAIT UNIQUEMENT POUR ENTRER EN CONTACT DIRECT AVEC EUX ET TENTER DE CRÉER UNE RUPTURE ENTRE NOUS ET NOS MERCENAIRES GAULOIS !
MAIS QU'EST-CE QU'ILS ATTENDENT POUR LUI TRANCHER LA GORGE ?!

C'EST L'HEURE ...
BON SANG !
IL... IL FAIT DEMI-TOUR ?!
HEIN ?
QU'EST-CE QUI SE PASSE ?!
POURSUIVEZ-LE ! IL NE DOIT PAS S'ÉCHAPPER !!
AAAAH !!

YAAAAH !
DOOOOOM
ドドドドドドドドドド
ILS ONT PERCÉ À GAUCHE AUSSI !
QUOI ?!
LES CAVALIERS NUMIDES ?!

ARGH !
QUEL IMBÉCILE JE FAIS...
J'AVAIS OUBLIÉ JUSQU'À LEUR EXISTENCE !
ドドドドドドドド
C'ÉTAIT ÇA, SON OBJECTIF ?!

IL EST RUSÉ...
EN S'OFFRANT COMME APPÂT, IL A ATTIRÉ TOUTE NOTRE ATTENTION SUR LUI...
PENDANT QUE SES NUMIDES NOUS DÉBORDAIENT SUR LES CÔTÉS !
REDOUTABLE STRATÈGE QUE CE GÉNÉRAL...
HANNIBAL BARCA !
ザワ BLA ザワ...
ザワ ザワ... BLA
BLA ザワ ザワ...
REGARDE, LÀ... UN LANCIER !
ザワ BLA ザワ... ザワ... BLA
LAISSE, C'EST UN DÉSERTEUR !

HMM ?
PFF... C'EST QUOI, CE BOUCAN ?
GÉNÉRAL ! QUE DEVONS-NOUS FAIRE ?!
AU... AU SECOURS !
AAAAH !!
YAAH !
AAH !
NOON !
YAAH !
MINUTE... SI JE SUIS ENCORE EN VIE...
C'EST JUSTE PARCE QUE JE N'AI PAS FUI AVEC LES AUTRES ?
...

TOUS SUR LEUR COMMANDANT !
ASSEZ ! DEMI-TOUR !!
PÈRE... TES ORDRES, VITE !
ILS REVIENNENT !!
HEIN ?! MAIS JE NE SUIS PAS SAUF DU TOUT !!
SI ON NE FAIT RIEN, ILS VONT NOUS PRENDRE EN TENAILLE...

CAVALIERS DE ROME, EN AVANT ! LANCEZ LA CONTRE-ATTAQUE !
PÈRE !
OUI... J'ARRIVE !
GROOOO
S'ILS PARVIENNENT À DÉBORDER NOS ARRIÈRES EN PLUS DE NOS DEUX AILES...
VU LEUR NOMBRE...
LAMENTABLE...
JE ME SUIS LAISSÉ PRENDRE AU PIÈGE COMME UN DÉBUTANT !

NON... ÇA N'ARRIVERA PAS !
N'AYEZ AUCUNE CRAINTE !
RAPPELEZ-VOUS MASSILIA ! NOS GUERRIERS ONT VAINCU DES NUMIDES BIEN PLUS NOMBREUX ENCORE !!
FONCEZ DROIT SUR EUX !!
YAAAAH !!
JE SUPPOSE QUE CETTE ESCARMOUCHE DANS LES BOIS DE MASSILIA ...
N'ÉTAIT QU'UNE FARCE DESTINÉE À PRÉPARER CE JOUR, N'EST-CE PAS ?
ON NE PEUT RIEN TE CACHER, SILENOS ...

GROOOO
GROOOOOO
LES ROMAINS VONT DÉCOUVRIR À LEURS DÉPENS LE VRAI VISAGE DES CAVALIERS NUMIDES !
DES LANCES ?!

AAAH !!
NOOON !
COMMENT DES CAVALIERS QUI MONTENT À CRU..
TROUVENT-ILS LES APPUIS NÉCESSAIRES POUR LANCER DES JAVELOTS ?!
VSH
HIIII
GH...
UNE DEUXIÈME VAGUE ARRIVE !
GARDEZ VOTRE SANG-FROID !

AAAH !
IMPOSSIBLE DE CONTENIR LES CHEVAUX SOUS UNE TELLE PLUIE DE LANCES !
ABANDONNEZ LES MONTURES QUI PANIQUENT !
QUE CEUX QUI PEUVENT BOUGER PARTENT À L'ATTAQUE !
TAP
PLACE ! LAISSEZ PASSER !!
TAP
VSHHHH

CAIUS !
PRENEZ TOUJOURS ÇA !
VSH
ビョオ
DoOOOM
IL EST AGILE, LE BOUGRE !

GROOOO
TCHAC
IMPOSSI-BLE...
LES CHOSES ...
NE DEVAIENT PAS SE PASSER COMME ÇA !

CETTE VASTE PLAINE PERMET À CE PEUPLE NOMADE DE DONNER TOUTE LA MESURE DE SON TALENT...
À LES VOIR AINSI CHEVAUCHER À L'AIDE D'UNE SEULE CORDE PASSÉE À L'ENCOLURE DE LEURS MONTURES, ON CROIRAIT QU'UN OURAGAN EST EN TRAIN DE SOULEVER LA TERRE !
LES ROMAINS NE S'ATTENDAIENT PAS À ÇA... LE RÉSULTAT PARLE DE LUI-MÊME !
IL EST IMPITOYABLE...
IL A TENDU SON PIÈGE COMME UNE ARAIGNÉE QUI TISSE SA TOILE... ET C'EST AVEC LA MÊME FROIDEUR QU'IL DÉVORE MAINTENANT SA PROIE !
C'EST TERMINÉ ...
MÊME LES LOUPS DE ROME...
SE SONT LAISSÉ PRENDRE DANS SES FILETS !
FSH

TCHAC
AAH!

EH, J'AI TOUCHÉ LEUR CHEF ! HA HA HA ! JE FILE L'ACHEVER...
IMBÉCILE ! DEVANT TOI !!
ET À MOI LA RÉCOMPENSE !
HEIN ?!
PLAF
PÈRE !

TOUS SUR LUI !
ET PAS DE QUARTIER !!
PÈRE, TU PEUX TE LEVER ?!
ACCRO-CHE-TOI À MOI !
GH... MON BRAS ...

COUVREZ-MOI ! LE CONSUL EST BLESSÉ !!
JETTE-MOI AU SOL...
JE DOIS ASSUMER MES RESPONSABILITÉS JUSQU'AU BOUT !
MA DÉFAITE ...
QUEL PIÈTRE CHEF DE GUERRE JE FAIS...
JE N'AI RIEN VU VENIR... RIEN !
C'EST UNE DÉFAITE...

SCRITCH
TCHAC
ON NE VA PAS POUVOIR LEUR ÉCHAPPER BIEN LONGTEMPS !
BAM
IL FAUT PROTÉGER LE CONSUL !!
REPOUSSEZ CES SAUVAGES !
NON ! REPLIEZ-VOUS !!
INUTILE DE FAIRE PLUS DE VICTIMES !!
YAAAAH !

À VOS ORDRES, MON GÉNÉRAL… TU SERAS LE PREMIER À L'ABRI !
IDIOT ! JE T'INTERDIS DE LAISSER TES SENTIMENTS PRENDRE LE PAS, SUR LE TERRAIN !!
LES SENTI-MENTS…
COMME SI UN TEL CONCEPT NOUS LIAIT !
MAIS DIS-MOI, QUI EST LE PLUS IDIOT DES DEUX ?
INSO-LENT !
SI LE COMMANDANT DE L'ARMÉE ROMAINE TOMBE…
LES SOL-DATS ROMAINS, EUX, AURONT À CŒUR DE VENGER LEUR CHEF…
LES GAULOIS RES-TÉS NEUTRES SE RANGERONT TOUS DU CÔTÉ D'HAN-NIBAL !
RÉSULTAT, NOS PERTES VONT ENCORE S'AGGRAVER !
TU TIENS TANT QUE ÇA À ASSOMBRIR LE TABLEAU PLUS QUE NÉCES-SAIRE ?

JE TE RAPPELLE QUE CE N'EST PAS MON PÈRE QUE JE SAUVE ICI...
MAIS UN CONSUL, GÉNÉRAL SUPRÊME DE L'ARMÉE ROMAINE !
ILS ONT CREUSÉ L'ÉCART !
SÉPAREZ-VOUS ET PRENEZ-LES EN ÉTAU !
...
SI TU DOIS PRENDRE UNE DÉCISION, C'EST MAINTENANT !
TRÈS BIEN... SONNE LA RETRAITE GÉNÉRALE...

POOOO
QU'EST-CE QUI SE PASSE ?!
POOOO
ON DOIT BATTRE EN RETRAITE !
POOOOOO
POOOO
C'ÉTAIT À PRÉVOIR...
DE LA SURVIE DE SON COMMANDANT DÉPEND CELLE DE NOTRE ARMÉE !
S'IL LE FAUT, NOUS MOURRONS POUR LE PROTÉGER !

L'ENNEMI VA RÉUSSIR À PRENDRE LA FUITE...
NOUS N'AURONS PAS LA TÊTE QU'IL NOUS A PROMISE !
QU'IMPORTE, J'EN AI ASSEZ VU !
CE SPECTACLE NE LAISSE AUCUNE PLACE AU DOUTE...
CET HANNIBAL EST UN VRAI CHEF DE GUERRE !
COMMENT PEUT-IL SOURIRE DANS UN MOMENT PAREIL ?
SES YEUX BRILLENT COMME CEUX D'UN ENFANT...
À QUI ON VIENT D'OFFRIR UN MAGNIFIQUE PRÉSENT !

QUELS SONT TES ORDRES ? SI ON NE SE DÉPÊCHE PAS, CE CONSUL ET SES HOMMES VONT NOUS ÉCHAPPER POUR DE BON !
ILS SONT DÉJÀ HORS DE PORTÉE...
JE ME DEMANDE QUI EST CE JEUNE HOMME...
SES CHEVEUX NE SONT PAS CEUX D'UN ROMAIN... C'EST PEUT-ÊTRE UN DE LEURS ALLIÉS ÉTRANGERS !
SAUVER SON COMMANDANT ET GUIDER LA RETRAITE DANS UNE PAREILLE DÉBÂCLE RELÈVE DE L'EXPLOIT...
C'EST UN DÉTAIL !
QUE LE CAMP NOUS ENVOIE DES CHEVAUX FRAIS... NOUS PARTONS À LEUR POURSUITE !
JE M'EN CHARGE ...
CETTE RENCONTRE ÉTAIT BIEN PLUS QU'UN DÉTAIL...

QUE L'ADVERSAIRE À ABATTRE N'ÉTAIT PAS CE CONSUL ...
SEULEMENT, À CE MOMENT-LÀ, AUCUN DE NOUS NE SE DOUTAIT...
MAIS LE JEUNE HOMME QUI CHEVAUCHAIT À SES CÔTES !

À suivre...

AD ASTRA
Scipion l'Africain & Hannibal Barca

STAFF
Hiroyuki Takahashi
Mochizuki

SUPERVISION ÉDITORIALE
Satoshi Yamauchi

SUPERVISION ÉDITORIALE DU VOLUME RELIÉ
Jun Kobayashi

DESIGN DE LA JAQUETTE ORIGINALE
Noriko Narumi

Hannibal Barca

Hannibal est célèbre pour sa passion du déguisement, art qu'il pratiquait souvent afin d'échapper aux tentatives d'assassinat. Difficile d'imaginer comment, avec les méthodes rudimentaires de l'époque, il arrivait à se faire passer pour un autre ! Peut-être que tout son entourage le reconnaissait mais entrait malgré tout dans son jeu pour éviter de le froisser… L'idée m'amuse assez ! Pour créer "mon" Hannibal, je me suis inspiré de celui qui a été son père spirituel en matière de tactique, Alexandre le Grand, et de Che Guevara, dont l'anti-américanisme me semblait rappeler un peu le sentiment anti-romain du personnage. Mais pour être honnête, je ne connais du Che que l'image qu'on voit un peu partout sur les t-shirts… alors ne vous étonnez pas si la ressemblance n'est pas flagrante ! (Rires)

Publius Cornelius Scipion fils

Je suis parti du principe que les Romains de l'époque avaient tous les cheveux noirs et coupés court. Mais comme je n'étais pas assez sûr de mon trait pour que leur seul visage permette de les différencier une fois équipés de leurs casques, j'ai décidé que Scipion serait blond et chevelu. Aristocrate de naissance, il s'est pourtant lié d'amitié avec Caius, homme du peuple. Critiqué par un sénat conservateur, il n'a pas hésité à jurer devant les dieux ou à mettre en avant la mort de son père pour parvenir à ses fins. Autant d'indices qui laissent à penser qu'il s'agissait d'un personnage à la fois exubérant et réaliste, et qui me confortent dans l'idée que les noms qui marquent l'histoire sont souvent ceux des hommes qui brisent les conventions !

Personnages & Postface

Bonjour à tous, mon nom est Mihachi Kagano. Merci d'avoir acheté *Ad Astra* ! Il s'agit là de ma première série, en prépublication dans un magazine et en parution en volume relié. Je navigue quelque part entre joie et gêne… un sentiment difficile à décrire.

Je suis conscient que ceux qui parmi vous sont des spécialistes de Rome et de Carthage ont l'impression de tenir entre leurs mains un agrégat d'erreurs et d'approximations… Qu'ils se montrent magnanimes, ce n'est qu'un divertissement, le travail d'un mangaka à peine sorti de l'œuf ! (Rires)

J'ai donné tout ce que j'avais dans ces pages, mais dans les limites de mes connaissances et de mon talent, bien entendu… D'où les à-peu-près et les raccourcis que les férus d'histoire ne manqueront pas de relever !

Ce dont je suis sûr, c'est que le héros de la Deuxième Guerre punique (opposant Rome à Carthage), thème central de ce manga, n'est autre qu'Hannibal. À mes yeux, il compte parmi les dix plus fins stratèges que le monde ait porté : il a sans doute été pour Rome l'homme incarnant la plus sérieuse menace qui ait jamais pesé sur la République.

Caius Laelius

Vous le reconnaîtrez aux pattes qui débordent du casque pour couvrir ses joues ! (Rires)

Ami d'enfance de Scipion, Caius n'était qu'un homme du peuple lorsqu'ils se sont connus. Mais plus tard, il deviendra son bras droit et finira par accéder à la dignité de consul, qu'il visait depuis toujours.

Il doit sans doute en partie son ascension à ses appuis, mais l'accession au consulat étant conditionnée par le vote d'autres soldats réunis en une assemblée populaire, il est difficile d'imaginer qu'un homme sans mérite ait pu endosser cette fonction.

J'espère réussir à rendre par le dessin son parcours ainsi que les efforts qu'il a réalisés pour grandir et évoluer.

Publius Cornelius Scipion

Consul de Rome, père de Scipion l'Africain et aussi son parfait homonyme… ce qui ne facilite pas les choses pour notre histoire ! D'ailleurs, comment pouvait-il bien appeler son fils au quotidien ? Du côté carthaginois, le même problème va se poser : on croisera plusieurs Hannon ou Hasdrubal… Je réfléchis à une solution en prévision de leur arrivée.

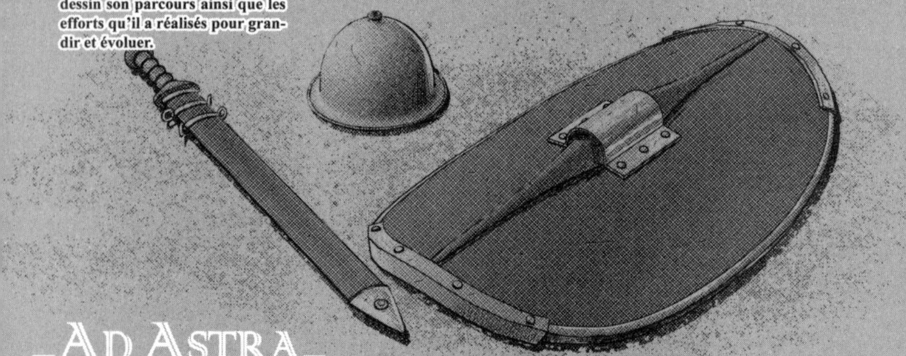

AD ASTRA
Scipion l'Africain & Hannibal Barca

Pourtant, ce n'est pas lui que j'ai choisi comme personnage principal. Il joue plutôt le rôle de l'ennemi juré… Un peu comme Raoh dans *Ken le Survivant*, en quelque sorte.

Le titre *Ad Astra* est emprunté à la locution latine *Ad astra per aspera* ("par des sentiers ardus jusqu'aux étoiles"). Elle collait parfaitement à mon idée : montrer comment Rome, à travers sa lutte contre l'obstacle majeur qu'était Hannibal, s'est ouvert la route vers la gloire.

Je me suis donc mis devant ma table avec en tête l'idée de faire de Scipion, l'autre grand personnage de cette guerre, le héros de mon histoire. Mais à mon humble niveau, mettre en scène un personnage principal avant qu'il arrive sous le feu des projecteurs de l'Histoire avec un grand "H" s'est révélé être une tâche extrêmement ardue. Je pense qu'au fur et à mesure du récit, Scipion va prendre naturellement toute l'ampleur qui lui revient.

Dans notre prochain tome, Hannibal foulera enfin le sol de la péninsule italienne… Attendez-vous à de grandes choses !

AD ASTRA

SCIPION L'AFRICAIN & HANNIBAL BARCA

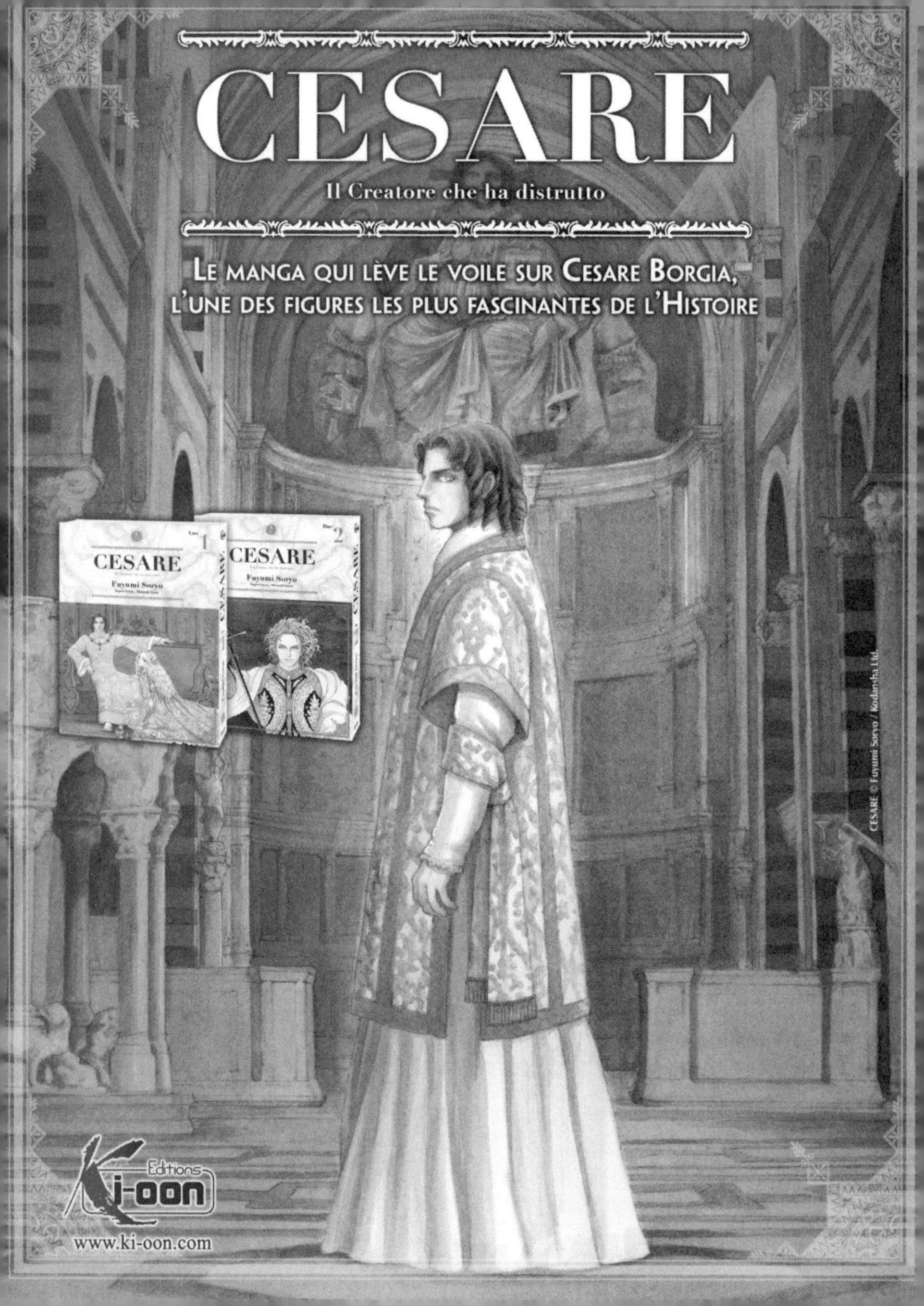

CESARE
Il Creatore che ha distrutto
LE MANGA QUI LÈVE LE VOILE SUR CESARE BORGIA,
L'UNE DES FIGURES LES PLUS FASCINANTES DE L'HISTOIRE
CESARE
Fuyumi Soryo
1
CESARE
Fuyumi Soryo
2
CESARE © Fuyumi Soryo / Kodansha Ltd.
Editions Ki-oon
www.ki-oon.com

BRIDE STORIES
Une fresque épique, humaine et tendre
à la fois dont on ressort ému, mais
le cœur gonflé d'énergie !
BRIDE STORIES
© 2010 Kaoru Mori
Editions Ki-oon
www.ki-oon.com

PROPHECY
TWEETEZ, COMMENTEZ, PARTAGEZ... ASSASSINEZ.
UNE SÉRIE EN 3 TOMES
© Tetsuya Tsutsui / Ki-oon
TETSUYA TSUTSUI
PROPHECY 03
TETSUYA TSUTSUI
PROPHECY 02
TETSUYA TSUTSUI
PROPHECY 01
KI-OON
www.ki-oon.com

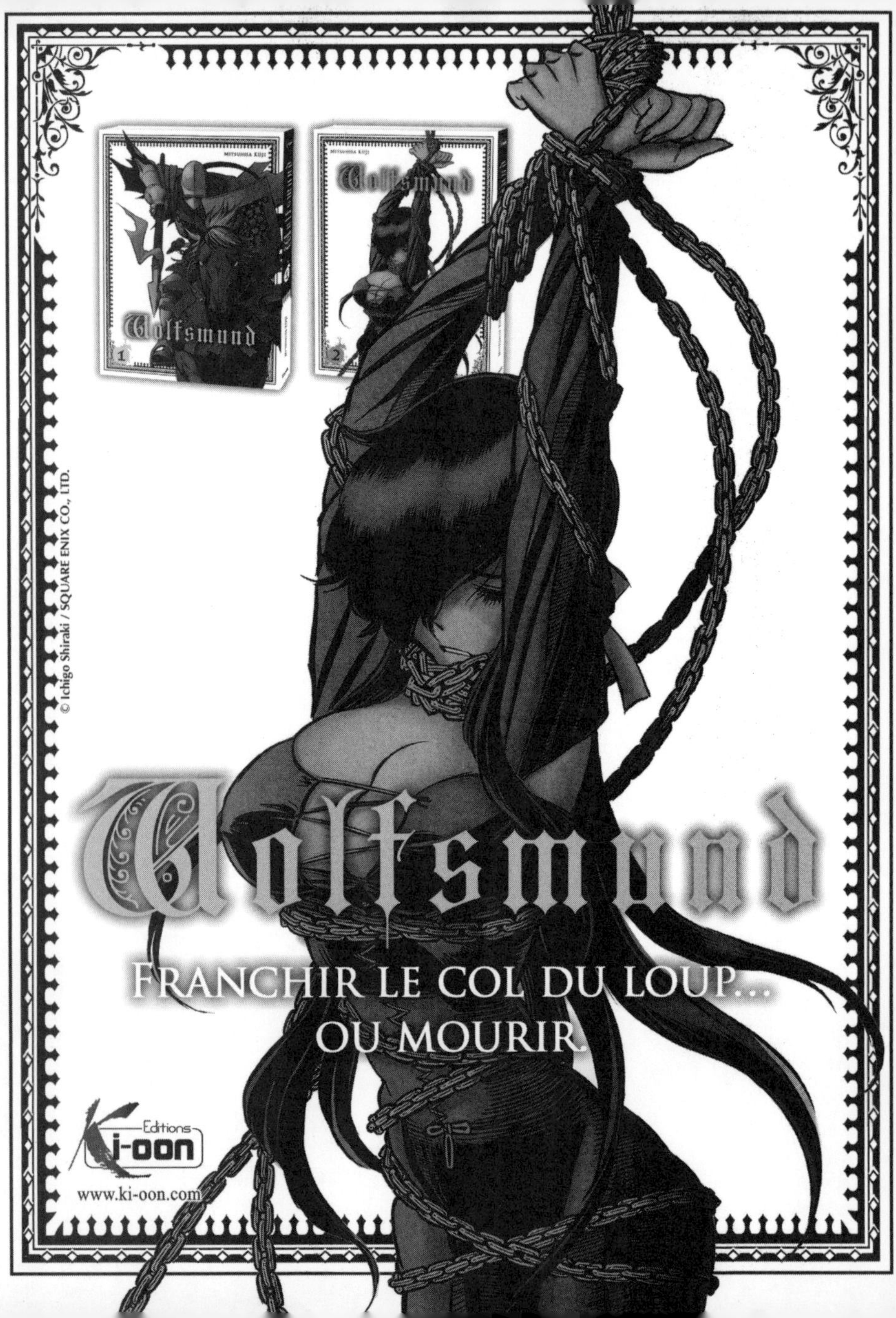

Wolfsmund
1
Wolfsmund
2
Wolfsmund
FRANCHIR LE COL DU LOUP...
OU MOURIR.
© Ichigo Shiraki / SQUARE ENIX CO., LTD.
Editions Ki-oon
www.ki-oon.com

©2011 Sui Kasai
GISÈLE ALAIN
HÉRITIÈRE...
ET FEMME À TOUT FAIRE !
GISÈLE ALAIN 1
GISÈLE ALAIN 2
Editions Ki-oon
www.ki-oon.com

First published in Japan in 2011 by SHUEISHA Inc., Tokyo.
French translation rights in France and French-speaking Belgium,
Luxembourg, Monaco, Switzerland, and Canada arranged by
SHUEISHA Inc. through VIZ Media Europe, SARL, France.

Édition française

Traduction :
Sébastien Ludmann

Adaptation graphique :
Clair Obscur

ISBN : 978-2-35592-652-5
Dépôt légal : mars 2014
Achevé d'imprimer en Italie par L.E.G.O.